하얀
날개

하얀 날개

초판 1쇄 발행 2025년 1월 6일

지은이 전병무
펴낸이 장길수
펴낸곳 지식과감성#
출판등록 제2012-000081호

교정 김나현
디자인 강샛별
편집 강샛별
검수 김지원, 정윤솔
마케팅 김윤길, 정은혜

주소 서울시 금천구 벚꽃로298 대륭포스트타워6차 1212호
전화 070-4651-3730~4
팩스 070-4325-7006
이메일 ksbookup@naver.com
홈페이지 www.knsbookup.com

ISBN 979-11-392-2355-2(03810)
값 12,000원

- 이 책의 판권은 지은이에게 있습니다.
- 이 책 내용의 전부 또는 일부를 재사용하려면 반드시 지은이의 서면 동의를 받아야 합니다.
- 잘못된 책은 구입하신 곳에서 바꾸어 드립니다.

지식과감성#
홈페이지 바로가기!

하얀 날개

깽비리 전병무 지음

저자의 말

  가을은 하늘이 맑고 푸른 계절, 참기 어려웠던 무더운 복伏더위를 소리도 없이 밀어 내고 고추잠자리를 띄운다. 수수이삭이 고개를 숙이고 고맙다며 하루 종일 허수아비에게 절을 하고 푸르던 단풍잎은 깊이깊이 숨겨 놓았던 속내를 드러내며 맨드라미꽃처럼 붉은빛으로 변한다. 아! 참 풍요로운 계절이라 찬탄하는 이가 있는가 하면, 낙엽이 뚝- 뚝- 떨어지고 찬 바람이 불어 품속을 파고드니 뭔가 쓸쓸함에 젖어 먼 산을 바라보며 또 한 해가 얼마 남지 않았다고 절망에 가까운 탄식을 하는 이도 있다. 이런 말을 하고 가슴을 끌어안는 사람들은 그래도 세월의 흐름을 느끼고 제법 계절의 감각을 아는 사람들이다. 단군이 우리 배달겨레의 삶을 시작한 이래 가장 잘사는 시대라고 자처하고, 눈으로 봐도 좋은 물건들이 山처럼 쌓여 있어 참 풍요롭게 느껴지지만 다 그런 건 아니다. 파지를 주워다 팔아야 라면 한 봉지를 사 저녁을 해결하고 그나마도 해결 못 하는 사람은 허망한 눈망울로 방향도 없이 지나가는 자동차를 좇는다. 제각각 바쁜 중에 맘씨 착한 사람들이 밥을 짓고 국을 끓여 한 끼 나눠 주는 곳을 찾아가 연명하고, 지하통로나 바람도 피할 수 없는 곳에서 하루하루를 버티는 노숙자露宿者들도 있다. 오늘 서문을 쓰면서 마음이 참 착잡하다. 太初에 하나님이 계획해 놓은 덕에 부모의 뼈와 살을 나눠 받아 옛 이야기가 덕지덕지 서려 있는 한적하고 아름다운 시골에서 태어나 괭이 메고 뒷동산에 올라 잔대 캐고 칡뿌리도 캐면서 마을에서 같이 자란 초등학교 동창들보다 좀 오래 머무는 것 같다. 가끔 고향친구의 소식을 들으면 아무개도 떠나고 누구는 입원해 있고 달갑지 않은 소식이 많다. 내 생애에서 황금기 같은 시절을 함께 공직에서 보냈던 사람들도 소식을 들으면 ○○○ 씨는 아내가 먼저 떠나 자녀들하고 살고, 누구누구는 금년 가을이 오기도 전에 떠났다고 말했다. 가을은 그래서 쓸쓸한가…….

2025季 正月 上澣
錦邨

목차

저자의 말   4

1부

고향 하늘	12	네가 잘났냐 내가 잘났지	34
시렁	13	초상집	35
하늘은 거울	14	농부	36
꽃씨	15	해 질 녘	37
안녕	16	정자나무	38
사랑이 변하여	17	별똥	40
맨드라미가 웃고	18	돌담길	41
하늘 아래	20	행복	42
장승	22	월악산	44
아이들의 마음	24	강바람	46
시험 보며 사는 삶	25	달래 냉이 웃음소리	47
날이 흐리면	26	내일	48
묵은 사진	27	패하면 죽는다	49
소태맛	28	시간이 흐르는 대로	50
서글픈 새 새끼	30	입	51
살았다는 증거	32		
홍시	33		

2부

강아지의 사랑 54	귀찮은 그림자 77
웃어 주세요 55	하얀 날개 78
어머니와 큰어머니 56	땀과 눈물 79
하늘이 파란 아침 58	구슬픈 노래 80
하늘의 뜻 59	최후의 날 81
솔뫼 60	센 집터 82
뒤척이는 밤 62	山川이 울고 있다 84
향가와 용비어천가 63	거울 속의 남자 85
옛날이 좋았는데 64	가을 하늘이여 86
다 별거 아니야 66	낙엽이 쌓인 길 88
인생은 축제 68	여인들의 힘 90
여치 새끼 69	개나리 91
제 얼굴도 몰라 70	아쉬운 맘 92
지팡이 71	울면 안 돼 93
작별 72	흐르지 않는 강 94
멧새들은 산에서 울고 74	
손님 76	

3부

웃기만 하는 꽃	98
손에 잡고 싶은 것	100
모두 만나는 곳	101
사랑의 메시지	102
밥이나 먹는 입	104
꿀잠	105
쓰레기장	106
봄바람	107
가로등	108
연극	110
삼복三伏에도 떠는 시인	111
저무는 지평선	112
따뜻한 손	114
불쌍한 사슴	116
불안한 마음	117
초점 잃은 눈	118
민초들의 삶	120
인천대공원	121
명대로 살기	122
소리 없는 웃음소리	123
물에 물 탄 듯	124
따뜻한 시선	125
살아 있는 시체	126
새싹의 미소	127
6월에 잠드신 靈前에	128
환희에 찬 노래를 부르자	130
마음만 가는 곳	132
입이 대포	133
일등 요리사	134
단 일 초	135
기다림	136
아이들 웃음소리	137
꽃을 만든 이유	138
상책上策	139
까치 언니	140
애호박이 구르듯	141
천사처럼 예쁘게	142
활짝 핀 꽃	143
물어볼 거야	144

수필

공주와 옹주   148
기적   154

부록

금촌 잡동사니 2   166

고향 하늘

고향 하늘엔
지금쯤 무엇이 날고 있을까
참새도 날고 꾀꼬리도 날고
까치도 날 거야

꿈속에서도 그리는 고향 하늘
덩이덩이 구름이 떠가면
내 고향에 어떤 일이 있는지
물어보고 싶다

오늘도 고향에서 산을 넘어오는
구름을 하염없이 바라보지만
아무 말이 없다
그러니까 옛사람들도
무심한 게 구름이라 말했지

시렁

하늘은 한없이 넓지만
시렁이 없어
마음을 올려놓을 데가 없다

높은 산마루에 서서
아늑한 골자기에 둘까 찾았지만
거기는 다람쥐가 왕
아무도 들어올 수 없다네

고목나무에 달아 놓을까 했지만
새들이 차지하고 안 된다네
넓은 天地에 마음 둘 곳이 없다니……

* 2022. 9. 10. 카카오스토리에 게재

하늘은 거울

하늘은 맑고 큰 거울
무엇이든지 보인다

사람의 마음도
환하게 비친다

음침한 마음을 먹고
다니는 사람
하늘을
보면
다
써
있
다

* 2024. 3. 8. 카카오스토리에 게재

꽃씨

맨 처음 누가
너를 땅에 던졌지

무슨 꿈을
꾸고 있을까

누구를 위해
꿈을 감추고 있니

은혜를 갚는다고
예쁜 꽃이 피어
미소를 짓고 있는데

神은 기뻐하고
사람은 외면하니
소리 없이 울고 있구나

안녕

처음 만나 안녕
헤어질 때도 안녕

꽃을 보고도 안녕
거지를 만나도 안녕

강아지를 보고도 안녕
날아가는 새를 보고도 안녕

사나운 호랑이를 만나도 안녕
이렇게 살면 모두모두 **安寧**

* 2024. 6. 1. 카카오스토리에 게재

사랑이 변하여

이 세상에 올 때
누구나 사랑의 자루
하나씩을 공짜로 받았다

사랑은 자루 속에서
샘물처럼 솟는데 아끼면
마귀로 변한다지

열 번을 퍼 주면
한 번이라도 받을 수 있는데
눈을 감고 있다
마귀가 찾아오면 어쩌지……

* 2024. 9. 8. 카카오스토리에 게재

맨드라미가 웃고

사시사철 꽃밭 속에서 살면
얼마나 좋을까

화려한 꽃도 아니고
분홍빛 봉선화와
빨간 맨드라미가 웃고 있으면 그만
더 바랄 것이 없겠다

꼬리를 까불대는
박새도 날아왔으면 좋지

직박구리는 싫다
우는 소리가
악귀惡鬼를 부르는 것 같아

하늘엔 천만 가지
아름다운 혼魂이 날아다니는데
하나도 낚아챌 수가 없다

그래서 내 詩는
보면 볼수록 시시하다

하늘 아래

사람이 제아무리 잘나
학식이 많고 뛰어나도
하늘 아래에 있다

풀 여치가 어미 없이 자라도
하늘의 뜻을 따르니
노래도 잘 불러
사람을 즐겁게 하고
짝을 만나 번식도 하고

이런 걸 건성으로 넘기면
세상에 태어난 보람이 없지

선생님의 얼굴만 보면
아무것도 아니야
머릿속에 든 것을 훔쳐
내 것으로 삼아야지

그래야 자기도 죽기 전에
쌓은 지식을
다른 사람에게 전해
世上天地가 전진하게 되는 것을……

장승

매일 밤 꿈속에서 헛손질하는 동안
친구는 망치를 잡고
죽은 나무로 장승을 만들고 있었다

"저걸 만들어서 뭘 할꼬"
지나가다 보고
공연히 맘속으로 탄식하는 사람
못 본 체하는 사람도 있다

날마다 변해 가는 장승을 보고
웃음을 띠고 지나가는 사람
입을 비죽거리는 사람

동네 사람들이 모여
마을 입구에 장승을 세우던 날
보는 사람마다 싱글벙글

죽은 나무에 혼을 불어넣으니
앞으로 마을 수호신이 되고
장승이 웃는 모습을 보면
웃음을 잃은 사람들에게 미소를 선사

아이들의 마음

아이들의 생각이 뭘까
어른들은 모르지
어릴 적 상방 없던 생각을
다 잊었기 때문

날마다
아이들과 생활하는데
아이들 생각도 모르면서 같이 지내니
서로가 잘 통하지 않는다

아이들은 놀고 싶은데
그걸 알 수가 없으니
공부하라고 눈을 부라릴 수밖에……

공부로 성공한 교수들도
어릴 때 제일 듣기 싫은 소리가
공부하란 말이었다지

* 마을아동센터에서 漢字를 가르치며

시험 보며 사는 삶

이 땅에 태어난 건
우연이 아니야
사정해서 된 것도 아니고
태초부터 예정된 대로
단 한 번 기회를 부여받았을 뿐

男女가 짝을 지어 사는 건
하나님께 시험을 보는 건데
그걸 알지 못하면
엉망으로 살 수밖에

하나님 뜻과 달리
엉뚱한 짓만 저지르다 돌아가면
무슨 면목으로 심판대 앞에 서리

* 2022. 1. 15. 카카오스토리에 게재

날이 흐리면

날이 흐리면
내 맘속도 흐리고
비가 내리면
내 맘속에도 비가 내린다

앞산을 바라보니
오월 신록이 한창이라
푸른빛을 따라
내 맘속도 푸르다

뒷동산 언덕엔 이름 모를
예쁜 꽃들이 곱게 피었는데
내 맘속은 부글부글 끓는 것이
꽃을 보아도 꽃 같은 맘이 없구나

묵은 사진

팔순八旬이란 말을 들으면
아득하게 느껴지던 세월이
어느덧 내가 그 줄에 서 있다

앞으로 희망보다는
추억을 더듬으며
생각에 잠기는 때가 더 많다

삼십 대 중반쯤 설악산에 갔다
흔들바위를 배경으로 사진을 찍는데
어떤 아가씨가 내 옆에서
조금 떨어져 사진을 찍던 모습이
내 사진에 찍혔다

아마 그 아가씨 사진에도
내가 촬영이 되었을 것이 틀림없다
세월 따라 그 아가씨도 할머니가 돼
묵은 사진첩을 보다
내 모습을 보면 웃음이 나겠지……

* 2024. 10. 23. 카카오스토리에 게재

소태맛

쓴맛을 아는가
사람으로 태어나면
쓴맛을 보며 사는 거야

공주로 태어나
한 발짝을 걷는데도
궁녀가 손을 잡아 주고
넘어지면 고꾸라질 듯
달려들어 일으켜 주고

흙도 안 묻은 무릎을
만져 보고 털어 주고
그렇게 자란 왕자도
눈물을 흘리며 살았고

공주는 시집가서
시어머니 시아버지가 공주마마를
입에 달고 살아도

궁에 들어와 어머니에게
시집살이가 고단하다고 털어놓아
동정은 고사하고
차라리 안 보았으면 했다

이 세상이 얼마나
어렵고 고단한 곳이라고……
바보가 웃으며 사는 곳이야

서글픈 새 새끼

새들도 가까운 이웃이 있는데
직박구리가
꾀꼬리 둥지 옆에 집을 지었습니다

꾀꼬리는 새끼들을 빨리빨리 키워
찬 바람이 불기 전
남쪽으로 이사를 가야 하기 때문에
열심히 먹이를 물어다 주었습니다

직박구리는 어차피 이사도 안 가고
눌러앉아 살 거니까 급할 것이 없다고
천천히 먹이를 물어다 주었습니다

직박구리 새끼들은
이웃집 꾀꼬리 새끼들이
자주자주 먹는 것을 보고 부러웠습니다

거기에다 꾀꼬리는 명창名唱이라
자주자주 노래도 불러 주었습니다

직박구리 새끼들도
아름다운 노랫소리를 듣기는 했지만
너무나 배가 고파 아름다운 노랫소리도
오히려 서글프게만 들렸습니다

살았다는 증거

숨을 쉬고 있다는 거
생각하고 있다는 거
밥을 먹었다는 거
똥을 쌌다는 거

모두 아니다

예쁜 꽃을 보고도
웃음이 안 나는데
詩를 썼다는 거
정말 산 증거다

홍시

고추잠자리가 홍시를 보고
참 곱기도 하고 먹음직도 하지
감탄만 하고 있을 즈음
배고픈 까치가 날아와
홍시를 마구 쪼아 먹었다

아니 저렇게 예쁜 것을
마구 먹어 치우다니
잔인하고 무식하고 상식 없고……

감나무가 한 해를 마무리하며
하늘의 은혜에 보답하려고
사력을 다해 장식했는데
이보다 값진 것이 또 있을까

무지한 까치가 제 욕심을 채우려고
귀하고 귀한 것을 망쳐 버렸구나
세상이 다 이렇게 돌아가는데 뭘

네가 잘났냐 내가 잘났지

꽃은 웃어도 소리가 없고
구름은 빨리 떠가나
천천히 떠가나 소리가 안 나고
나쁜 소문은 소리가 없는데 멀리 퍼진다

한마을에서 네가 잘났냐
내가 잘났지 싸움하던 사람도
공동묘지에 가서는 아무 소리가 없다

어린이가 할아버지가 되도록
소리는 안 나는데
얼굴엔 주름살투성이가 되었고
양서良書는 좋은 글이 많이 실려 있지만
덮어 두면 먼지만 쌓인다

천둥이 하늘을 쪼갤 듯 요란하고
사람과 짐승, 새들이 먹을 것을 놓고
아웅다웅 싸우며 살아도
땅덩이가 그대로 있는 건
하나님이 조용히 일만 하기 때문

초상집

어젯밤 콩중이네 집에서
초상이 났는지
밤새도록 구슬피 울더니

메뚜기와 땅개비가
조상을 갔고 뒤따라 베짱이가
혼수로 싸 둔 고운 베를 가지고
급히 달려갔습니다

여치도 소문을 듣고서
박새에게 찍혀
아픈 다리를 절며 문상을 갔고

아침에 보니
얼마나 울었는지 풀잎마다
눈물이 구슬처럼 맺혀 있었습니다

농부

일하는 농부
그 맘을 도시인들은 모르는데
꾀꼬리 뻐꾸기가 얼마나 팔다리가
아플까 노래를 불러 위로를 한다

해가 지면
아쉬운 듯 일손을 놓고
고단한 잠자리에서도
김매는 꿈을 꾸다가 헛소리를 했지

한여름 복더위에 매미가
하루 종일 노래하는 것도
일하는 농부를 위로해 주라는
하나님의 뜻이 숨어 있다지……

해 질 녘

종일토록 사립문에 눈동자가 머물고
마음은 동구 밖을 지키고 있는데
기다리는 임은 그림자도 보이지 않네

밤중에라도 문을 두드리면 좋으련만
사립문 밖에서 인기척에 놀라
개 짖는 소리가 나면 더욱 초조해진다

오늘도 긴긴 해가 서산에 걸쳐 있는데
좀 참았다 넘어가면 안 되나
해님도 때론 갈지자처럼 가면 그리운 임이
좀 더디 와도 등불 걱정은 안 하련만……

* 2019. 6. 1. 카카오스토리에 게재

정자나무

차를 타고 가다 보면 마을에
큰 느티나무가 서 있어
묵은 것만큼 마을의 역사를 말한다

風水는 볼 줄 몰라도
뒷산이 삭풍을 막아 주고
확 트인 앞들로 냇물이 흐르면

큰 집들이 정답게 얘기를 나누듯
처마를 마주 대고 옹기종기 모여 살고
고래 등 같은 기와집도 있다

일하다 어려우면 그늘 밑에 쉬려고
괴목槐木 가지를 꺾어다
동네 어귀에 꽂은 것이 세월이 흘러
정자나무가 되었고

책을 펴 놓고 배운 일이 없어도
"거필택지居必擇地 거필택린居必擇隣"[1]이란
문구는 너무나도 잘 알아
山水가 맑은 곳을 골라 살며
시래깃국도 서로 나눠 먹고 살았다

---

1) 살 곳은 반드시 지형을 잘 고르고 반드시 이웃도 잘 살펴보라는 뜻.

별똥

별나라는
화장실도 없나 봐

낮에는 모두 잠을 자고
밤에만 놀러 나와

깜박깜박 눈싸움도 하고
누구의 등불이 밝은가
시합하다가

배탈이 난 별은
사람들이 하늘을
쳐다보는 것도 모르고

찍-
빨간 설사 똥을 싼다

* 2017. 6. 8. 카카오스토리에 게재

돌담길

돌담 밑에서
이름 모를 파란 새싹이
예쁘게 솟아나더니
어느덧 한 뼘은 자랐네요

새잎이 피어났는데
세 잎으로 갈라지고
지나가는 나를 보고
숨은 것을 찾아 보라네요

며칠 후 지나가는데
보라 꽃 한 송이가 피었는데
꽃잎이 여덟 장이네요

오-라 잎은 셋 꽃잎은 여덟
$3+8=11$
$3 \times 8=24$
예쁜 꽃과 덧셈과 곱셈을 하며
돌담길을 걸어갑니다

행복

누구나 가장 바라고 기다리는 것
이미 찾아왔어도 못 느끼는 것
자기에게 머물렀다 떠났어도
잡지 못했던 것
작은 것은 싫고 큰 것만 원하는 것
남의 것은 크게 보이고
자기 것은 작게 보이는 것
자기 앞에 와도 와도 부족한 것
이제까지 한 번도
안 찾아왔다고 생각되는 것
갑자기 나타나기를 바라는 것
대가代價 없이 공짜로 바라는 것
혼자만 갖고 싶고
남하고는 나누기 싫은 것
오래 지속되지 않는 것
끝없이 오래 지속되길 바라는 것
순간만 느껴도 좋은 것
마음을 들뜨게 하고 오만하게 하는 것
꿈속에서라도 한 번만 왔으면 하는 것

사랑하는 이와 단둘이만 느끼고 싶은 것
욕심이 많으면 죽기 전에 못 느껴 보는 것

* 2016. 9. 23. 카카오스토리에 게재

월악산

중원 땅 넓은 들에
우람하게 우뚝 솟은 山
아주 먼 옛날엔 신선이 살았다네

깊은 계곡에선
맑은 시내가 흐르고
봄이 되어 푸른 숲속에선
꾀꼬리 뻐꾸기가 번갈아 노래를 하니
선경의 문턱에 들어선 듯하도다

정신을 빼앗긴 나그네
시냇물에 들어가 이리 뛰고 저리 뛰며
물고기를 쫓다 날이 저문다

월악산 상봉에서 둥근달이 떠
계곡을 비추니
더할 나위 없이 선경 같은 곳

술에 취한 나그네 물고기를 건지랴

물속에 빠진 달을 건지랴

잠뱅이가 다 젖누나

* 2005. 5. 17. 인천교회2집회소 한 지역성도들이 충주교회를 방문.
합동예배를 본 후 월악산 계곡에서 물놀이함.

강바람

강둑에 앉아 자갈밭에서
물떼새가 앙증맞게
쪼르르 달려가는 걸 보노라면

가끔은 고개를 들고
맑고도 높은 톤으로 울어
답답한 내 가슴을 확 열어 준다

때마침 강바람이 살랑살랑 불어
뜨거운 자갈밭을 식혀 주고
물가에 자란 수초의 꿈을 깨운다

달래 냉이 웃음소리

언덕에서 달래와 냉이가
소곤소곤 얘기하는 틈에
햇살이 살며시 끼어든다

달래가 입을 막고 웃고
냉이는 눈을 감고 웃고
햇살은 코를 막고 웃고

웃음소리 멀리멀리 퍼지니
까치가 구경 삼아 날아오고
박새도 구경 삼아 날아오고

온 세상이 참 평화롭구나!

내일

제일 먼저 다가오는 날
오늘 일 때문에 생각할 틈이 없지

그렇지만 대비를 하지 않으면
오늘같이 텅 빈 날이 될 거야

이것이 연속되면 백수白手가 되고
알 수 없이 등골이 아프고

눈이 사물을 보아도
머리에 영상을 전하지 못해
몽롱한 눈동자가 될 테지

오늘보다 중요한 날
희망이 가장 가까이 있는 날
꿈이 실현될 수 있는 날

* 2024. 7. 15. 카카오스토리에 게재

패하면 죽는다

찬란한 햇빛이 비치는 숲속
매미가 기묘한 소리로 노래한다
공동묘지처럼 여기저기 개미집이
많은 공터에 녹두알보다도 작은
땅거미가 사냥을 나왔다

조금씩 앞으로 기어가기도 하고
팔짝팔짝 뛰기도 하며 먹이를 찾던 중
작은 나나니벌이 날아와 싸움을 한다
엎치락뒤치락 전투를 하다
나나니벌의 독침에 거미가 쓰러졌다
크거나 작거나 패하면 죽는다

시간이 흐르는 대로

나무나 꽃은
시간이 흐르는 대로 따른다
계산할 필요도 없이
일분일초도 틀리지 않는다

개미는 시계와 달력이 없어도
계절의 흐름에 딱 맞게 산다
비가 오고 폭풍이 불어 쉬었다고
다음 날 급하게 뛰지 않는다

사람들아 허공에 아무것도 없는데
허망한 꿈을 꾸며 채워 보려다
손에 쥔 것도 놓아두고 떠날 때
아쉬워하는 게 인생

* 2024. 10. 15. 카카오스토리에 게재

입

꽃이 입이 있다면
얼마나 좋을까
꽃같이 예쁜 말만 하고……

울산바위가 입이 있다면
묵직한 교훈만 말하고
사람처럼 나불대지는 않을 거야

까막까치들이 울어도
사람이 못 알아듣는 건
참 다행이야

욕하는 소리를 알아들으면
모두가 기절초풍해서
죽었을 것이기 때문

소가 입으로 말을 않는 건
일일이 사람을 가르치기보다는
묵묵히 일하는 모습으로
모범을 보이려는 뜻을 가졌기 때문

* 2024. 8. 1. 카카오스토리에 게재

강아지의 사랑

하나님이 태초에
사람 맘엔 사랑을 넣었고
짐승 맘엔 탐욕을 넣었다

사람은 사랑을 잊어버리고
탐욕을 부리다가
에덴동산에서 쫓겨났다지

세월은 쉬지 않고 흐르는데
사람은 탐욕 속에서 헤매다 죽고
강아지는 주인을 사랑하다 죽었다네

웃어 주세요

세상엔 재미있는 것도 많고
화나게 하는 것도 많고
웃음 나게 하는 것도 많다

우는 얼굴보다는
웃는 얼굴이 보기 좋고
웃음이 가득한 얼굴은
언제나 사랑스럽다

기러기가 날아가도 웃고
참새가 싸움을 해도 웃고
웃으며 싸우면 웃다 끝나지

* 2022. 6. 15. 카카오스토리에 게재

어머니와 큰어머니

내 육신을 낳은 건 어머니 대한민국은 나의 큰어머니
어리바리한 나를 이 땅에 살게 해 주었지
내가 여권을 가지고 중국 베트남 캄보디아에 가서
가슴을 젖히고 다녀도 시비를 건 사람이 없었다
이것이 다 큰어머니의 德

일본 사람은 고릿적부터 우리 해변에서 뗏목을 타고
건너가고 쪽배를 타고 건너가기도 했다
양식이 없는 때는 도와주고 금수禽獸같이 행동할까 봐
「千字文」도 가르쳐 주고 그릇 만드는 것도 알려 주고
수천 년을 가르쳐 주었다

대대로 너무나 고마워 고향을 바라보고 향수를 달래려고
신사神社를 짓고 때를 찾아 분향을 했다네
어느 틈에 무식한 녀석들이 많이 생겨나니
할아버지 나라를 잊은 채 버릇없는 녀석들이 침략해 왔다

멍청한 자들이 나라를 쥐고 흔들 때
국권을 잃고 참혹했던 시절을 기억하고 살자
가슴속에 더운피가 끓고 불덩이 같은 지사志士들이 안팎으로 이리
뛰고 저리 뛰고 피를 흘린 덕에
나라와 귀중한 땅을 다시 찾고 이제는 떳떳한 **大韓民國**
큰어머니가 얼마나 고마우냐!

하늘이 파란 아침

여명 속에서 한 줄기 빛이 흐르는 아침
모든 생명이 꿈속에서 깨어나고
막연히 무엇을 기다리기보다 희망이 가득한 마음으로
즐겁게 행동으로 이어지길 기도하고
웃음으로 시작하지 않으면 짜증스러운 일이 앞을 막는다

오늘 하루가 내 맘속에서 기쁨이 흐르느냐
짜증 나는 일로 시작하느냐는 자기가 정하는 것
결코 남이 정해 주는 것이 아니야
무슨 일을 하든지 아름다운 음악을 들을 때처럼 하면
팔다리가 아픈 일도 즐거울 거야

하루의 시작이 얼마나 중요한데
아침부터 괴로운 마음으로 일을 시작하면
연속으로 이어 가다 생의 마지막까지 갈지도 몰라
사는 동안 하루라도 언짢게 넘어가면 그만큼 손해
날마다 기쁜 날로 채우면 늘 청초하고 아름답게 피어 있는 꽃과 같은 삶인데 팔다리 아픈 것만 생각하다간
시든 꽃 같은 삶이 되고 말지……

하늘의 뜻

아파트 근처에
벚꽃이 만발하다

하늘의 뜻일까
벚나무의 뜻일까

벚나무와 하늘의 뜻이
서로 맞은 모양

세상일이 모두가
하늘의 뜻과 맞아

아름답게 돌아가면
얼마나 좋을까

* 2024. 4. 5. 카카오스토리에 게재

솔뫼

한적한 솔뫼 골에서 낮에는
제각각 밭에서 김을 매고
저녁에 멀건 죽을 먹은 세네 사람이
호롱불 밑에서 책을 보았다

방 안에선 서로 얼굴을
똑똑히 알아볼 수도 없는데
한 사람이 손으로 쓴 "마태복음"을
품속에 넣어 가지고 왔다

그 사람이 읽고 다른 사람은
듣기만 했는데 하루 종일 농사일로
너무 고단해 밥숟가락을 놓자마자
쓰러져 잠을 자기가 바쁜데

동네 사람이 자주 안 가는
산 밑 오두막에 모여 기도를 했다
생각해 보면 할아버지 때부터
웃음 나는 일은 한 번도 없었고

땅에서는 바라볼 게 없는데
하늘에선 희망이 있다는 책을 읽으니
가슴이 뛰고 기분이 좋았다
누가 관가에 고자질했는지 꽁꽁 묶여 갔다

남에게 눈 한번 흘긴 일도 없고
욕설을 해 본 일도 없는데 죽을죄라고
해미성海美城 안 회화나무에 목이 달렸다[2]

---

2) 해미현은 1870년대 면천 덕산 해미 근방의 천주교 신자들을 169명을 체포 처형한 곳이다.

뒤척이는 밤

똑 똑 똑-
낙수 물소리가 밤을 재촉하듯
벽 시계추와 경쟁을 하는지
뒤섞여 들린다

이 밤이 흘러가면
기다리던 새날이 오겠지
시간이 흐르는 대로 따라가다간
감당 못 할 큰일을 만날 것만 같다

눈을 감고 외면해도
뒷동산 나뭇잎은 노랗게 물들고
기러기 떼는 달빛도 없는데
어떻게 남쪽을 찾아오는가?

* 2024. 11. 1. 카카오스토리에 게재

향가와 용비어천가

요즘 세상 아이들이 하는 말
못 알아듣는 것이 많지
정말 큰일

우리나라는 예로부터
아름다운 말만 하고
골골마다 한 가족처럼 사는
세상이었는데
막말을 마구 쏟아 내면 안 되지

용비어천가는 세종대왕이
한글을 창제하고
시험 삼아 글을 짓게 했는데
겨우 육백 년도 못 지나
모르는 말이 되었고
신라시대 향가는 아는 이가 드물다

내가 쓴 詩를 현재 아는 이가 없어도
혹 후손들이 읽어 볼까 조심조심 쓰는데
한 오백 년 지나 아무도 몰라보면 어쩌나

옛날이 좋았는데

옛날에는 서로 보면
웃지 않는 사람이 없었다
개도 주인의 얼굴 보고
좋아서 꼬리를 치고 살았지

계숙이 할머니는 남편 일찍 죽고
홀몸으로 평생 웃으며 살았다
이웃이 모두 사촌같이 대한 덕에

장수골 영감은 혼자 살아도
따뜻한 밥 먹고 살았다
아침이면 이 집 저 집에서
더운밥을 퍼다 주었으니까

동네 느티나무에서는
하루 종일 매미가 울고
뒷동산에선 꾀꼬리 뻐꾸기가 울고
밭둑에는 냉이와 달래가 지천이고

냇물에는 버들치 붕어 미꾸라지가
못 견디겠다는 듯 뛰어올랐다
무엇 하나 걱정거리가 없고
보는 것마다 흥이 났지
아으 옛날이 좋았는데……

다 별거 아니야

토끼는 족제비가 재주를 넘고
뒹구는 걸 정신없이 바라보다
자기에게 달려오는 것도
장난으로 착각해 물려 죽었다

아름다운 새들이
기묘하게 노래를 부를 땐 선녀가
변한 것처럼 생각이 들기도 하지

사람들이
저만 잘났다고 큰소리쳐 봐야
뱃속엔 오물만 차 있고
머릿속엔 욕심만 가득하다

베토벤 두보杜甫 이태백李太白 중
베토벤은 아름다운 음악을 작곡
고운 선율을 타고 꿈속을 헤매게 하고

두보와 이백은
詩로써 사람의 마음속에 흥을 일으켜
잠시 욕심 속에서 헤어나기도 했다
사람 중에 시인과 음악가를 빼면
다 별거 아니야

* 2024. 2. 22. 카카오스토리에 게재

인생은 축제

아기가 태어날 때는 누구나
소리 없는 축제가 벌어진다

눈에는 보이지 않는
천사들이 축제를 벌이고
춤을 추며 노래하고
떠들썩했지만

이웃의 눈에는 보이지 않고
귀에도 들리지 않았지

이런 사람들이 얼마 못 가
시시한 사람이 된다

하늘에서 큰 축제를 해 준 것을
모르기 때문에……

* 2024. 4. 22. 카카오스토리에 게재

여치 새끼

가랑비가 멎고
실바람이 살랑살랑
풀밭을 뒹굴며 지나간다

풀숲에서
여치 새끼 한 마리
길게 자란 기장풀잎을 타고
그네를 타며 하늘을 본다

이마를 훔치며
아 시원하다 외치니

귀뚜라미 새끼도
웃통을 벗고 맨살에
그래 참 시원하구나

가만히 들어 보니 풀밭에서
웃음소리가 들리누나

제 얼굴도 몰라

출근하려면
거울을 보고 옷이 잘 맞는가
이리 비틀고 저리 비틀며 보고

얼굴은 자세히 보지만
외모만 보고 속은 보지 못한다

속마음까지 보는 사람이 어디 있어
그러니까 망신도 당하고
체면을 잊은 듯 막말이 흘러나와

잘못하면 얼굴이 먼저 드러나는데
제 얼굴도 똑똑히 모르고 사니
人生을 엄벙덤벙 사는 거지

지팡이

가을밤 초승달이
무엇에 상했는지 반은
구름으로 가리고 울고 있고

덤불 속에서 울던
산 여치는 어디로 떠났는지
달맞이꽃만
쓸쓸함에 젖어 있구나

도랑 옆 초가삼간을
대궐로 여기고 살던
꼬부랑 할머니는 언제 떠났는지
지팡이만 부엌문 앞에 누워 있고

쪽마루 밑에선
가는 가을이 아쉽다며
귀뚜라미가 구슬피 울고 있구나

작별

작별이란 인생살이에서
가장 침을 쓰게 만드는 것

어저께 뒷동산에 올라
본 도라지꽃은
열흘도 못 가 이별을 고할 거야

내 가슴을
먹먹하게 했던 뻐꾸기는
가을이 오기 전에 인사도 없이
南國으로 떠날 테지

작년 가을에 못 본 체하고
뒷동산을 넘던 기러기 떼는
올 가을에 또 찾아와도
내가 만나 볼지 말지

작별 후에도 희망이 있을까
돈 꿔 간 친구가
필리핀에 가서 돈을 벌어 갚겠다고
내 앞에서 맹세해

웃음으로 때웠는데
평생 작별 중에 제일 기억이 남고
다른 친구 편에 들으니

이판사판이라며
파친코에 키를 당긴 것이
큰돈이 걸렸다는 소식을 들으니
조금 희망이 생긴다

* 2024. 6. 22. 카카오스토리에 게재

멧새들은 산에서 울고

멧새들이 모여 노래하니
선녀들이 사는 꿈 동산 같구나
매미들이 삼복더위에 노래하는 건
하늘에 감사할 줄 아는 거야

꽃이 피는 건 온 세상을 아름답게
꾸미려는 천사들 마음의 표현
길가에 피어 있는 엉겅퀴꽃이
울고 있는 걸 사람들은 모른 척했지만
까치가 달래서 울음을 그쳤다지

산 여치가 노래할 때 직박구리가
기분 좋아 가까이 가니 숨어 버렸다
너희들은 내 노래를 좋은 척하지만
마음은 흉측한 놈들

욕을 먹은 산새들이 직박구리를
새들의 족보에서 지워 버리자고 했다
인간들아 새를 닮아
강아지만도 못한 녀석은 쫓아내거라

* 2024. 7. 22. 카카오스토리에 게재

손님

옆집에 아기가 태어났다고
떠들썩한데
손님으로 온 건데 뭘

아기는 금방 온 손님
할아버지는 오래된 손님

여자 아기는 자라서
두 번째 손님이 되어
낯모르는 집으로 또 시집가고

할머니는 남의 집에 손님으로 와서
얼마나 많은 일을 했는지
손가락이 성한 데가 없다

귀찮은 그림자

나를 졸졸 따라다니는 그림자
아주 거치적거리는 존재

달밤에 아무도 모르게
순이를 만나러 가면 꼭꼭 따라온다

오라 순이도 나를 만나러 올 때
그림자 때문에 늘 귀찮다고 말했지

오늘 밤은 순이의 그림자와
내 그림자를 같이 놀게 하고
나는 순이와 손목 잡고 놀아야지

* 2020. 8. 22. 카카오스토리에 게재

하얀 날개

천사의 날개는 하얀 날개일까
꿈에도 본 사람이 없지

백조의 날개가 하얀 날개일까
그렇게 보일 뿐이야

세상엔 날개 단 사람이 없는데
마지막 날 하얀 날개를 달아 줘
천국으로 떠나는 사람이 있지……

어떤 사람인데
길에서 넘어진 노인의 손을 잡아
일으켜 준 사람

자동차 사고로 피범벅이 된 사람을
자기 차의 시트를 버리면서
차에 태워 응급실로 달려간 사람

땀과 눈물

태곳적부터 사람 살기가
참 힘이 들었지

새벽부터 몽둥이를 들고
뛰어다녀도 눈먼 토끼 한 마리
못 잡는 날이 많았다

땀이 흐르고 눈물이 났지
지금도 똑같아
손발에 흙 아니면 기름을 묻히거나
펜대를 잡은 녀석도 땀이 흘러

태평양이 짠물이 된 건 옛적부터
땀과 눈물이 모여서라네

딴말하는 놈
골통을 부술 거야

* 2020. 6. 5. 카카오스토리에 게재

구슬픈 노래

가슴을 도려내는 구슬픈 노래
슬픔을 주체할 수 없는 사람이
눈물을 흘리며 가사를 적었을 테지……

가수도 뼈저리게 슬픈 일을
당한 사람이 많겠지
왜 그리 노래를 구슬프게 불러

작곡가와 가수가 슬픔에 젖어
편안한 사람의 가슴에 소금을 뿌려
들으면 들을수록 가슴이 저리다

* 2024. 9. 22. 카카오스토리에 게재

최후의 날

늘 올라 다니는 앞산 언덕에
개망초꽃이 한창 필 때
내 가슴에 뿌듯한 희열을 주었지

날마다 기쁜 맘으로 다녔는데
어느 날부턴가 꽃송이가
하나둘씩 시들기 시작

한참 서서 내려다보니
어저께까지 예쁘던 꽃이
오늘은 시든 꽃을 셀 수가 없다

아, 꽃들은 최후의 날을 맞이해도
참 조용히 말이 없구나

나도 마지막 날이 다가오면
조용히 맞을 거야

* 2020. 9. 8. 카카오스토리에 게재

센 집터

장수골 영감이 죽자 집은
없어지고 빈터만 남았다
영감은 방고래를 뜯고 구들을
고쳐 주고 평생을 살았다

인범 씨는 사 형제, 형들이 나가니
마루도 없는 옴팡 간에서
짚신을 삼아 겉보리 몇 됫박을
바꿔 먹고 살다 떠나니 흔적도 없어졌다

즘 말 열두 채의 옴팡간이
옹기 굽던 사람들이 조상적부터 살다
함께 이사 가니 또 빈터만 남았고
밭가에 세 집만 남았는데
차례차례 헐려 긴 밭이 되었다

우리 집을 매매하니 이사 온 사람은
당상堂上에 오른 듯 좋아했지만
삼 년도 못 살고 떠났고

다른 사람이 집터가 세다며
살지 않고 연재가 좋다며
헐어 가 빈터만 남았다

형제들이 고향에 가면
어릴 적 뛰놀던 곳을 보며
담장 옆 감나무와 뒷동산 감나무의
홍시를 바라보고 쓸쓸한 마음을 달래며
돌아서서 왔는데 육 남매 중 나만 남았다

우리 집은 뒷동산 이만여 평이
병풍처럼 둘러싸고 오천여 평의 밭 가운데
대지가 칠백 평, 높은 축대 위에 지은 집
마치 연꽃송이 같아 집터가 세긴 센 모양

어떤 사람이 안채가 있던 곳에
이 층 양옥을 짓고 채전菜田이었던 곳엔
더 큰 이 층 양옥을 지어
두 집이 함께 센 집터를 누르고 산다

山川이 울고 있다

어젯밤 찬 바람이 지나가며
쓸쓸해 못 견디겠다더니
찬비가 조용히 내렸다

낙엽은 비명을 지르고
은행잎은 못 참겠다고
소리 지르더니
아침에 보니 노랗게 변했구나

멧새들도 수심이 쌓인 듯
죽은 나뭇가지에 모여 앉아
서로 쳐다보기만 하고
입이 굳었는지
노래는 잊은 지 오랜 것 같다

거울 속의 남자

마음은 창공을 나는데
몸은 시궁창에 빠져 있구나
내가 나를 찾으려고 거울을 봤다
거울 속에 비친 녀석

희망은 있는지 없는지
무엇을 생각하며 말하는지
무표정으로 입만 움직이고
말소리는 들리지 않았다

저 남자 나를 닮은 인간
뭘 하려고 나왔을까
이때까지 어떻게 지냈는가?
한 일이 뭐지

발길은 늘 방향을 잃어버려
갈 곳을 몰라 헤맸고
길가에 아름답게 핀 코스모스는
못 보고 어디로 가는가

* 2024. 10. 8. 카카오스토리에 게재

가을 하늘이여

장마가 유난히 길던 올여름
짜증 나게 무더웠던 방 안

어느덧 가을이 성큼 다가와
아침에 창문을 여니
시원한 공기가 기다렸다는 듯
얼른 들어와 얼굴을 스치네

나도 모르게 웃음이 나고
뭔지 모르게 기분이 좋다
창문으로 비치는 하늘은
학교 운동장만이나 할까

파란 하늘에 둥둥- 떠가는
구름도 보인다
얘기를 나누고 싶다
어라 구름이 내 맘을 아나 봐

그 자리에서
몸을 비트는 것처럼 구르더니
점점 커진다
구름이 무심한 게 아니야

* 2020. 9. 15. 카카오스토리에 게재

낙엽이 쌓인 길

가을바람은 장난꾸러기
나무가 덜덜 떠는 것을 보려고
참나무 떡갈나무 아카시아를
앙상한 가지만 남겨 놓았네

등산길은 온통 낙엽으로 뒤덮여
발짝을 떼는 대로
바스락바스락 소리가 나니
발로 낙엽을 걷어차기도 하고
양발로 모아도 본다

사람들이 짝을 지어 올라가면서
무슨 사연이 그리 많은지
깔깔대며 정신없이 얘기를 한다

세상일이 하도 복잡하니까
본 것도 많고 들은 것도 많겠지
그러다가 입술에 불이 나서
낙엽에 떨어질까 걱정이다

눈이 둘 귀가 둘이라도
입이 하나인 것은 본 대로 들은 대로
다 말하지 말라는 뜻인데……

* 2019. 12. 1. 카카오스토리에 게재

여인들의 힘

옛적에도 게으른 놈은
사냥을 안 나가
굶는 날이 먹는 날보다 많았지

여인들이 남자를 구슬리는 힘이
어디에서 나오는지
귓속말을 하면
다리가 부러지게 짐승을 쫓았다

지금도 건달들이 과부집 일은
제 일보다 더 쎄가 빠지게 한다지
왜 그럴까
여자를 외모만 보고서는
모르는 게 너무도 많아

개나리

개나리는 노랗게 꽃을 피워
진달래한테도 인사를 잘하고
찔레꽃은 개나리를 좋아한다

달맞이꽃은 유난히 달밤에 춤을 잘 춰
늑대 여우 토끼까지 춤을 보러 오면
늑대는 은근슬쩍 여우를 보고
토끼를 으슥한 곳으로
데리고 오라고 했다

늑대의 흑심을 알고
여우는 토끼를 데리고
달구경을 가자고 꾀어 산을
넘어 여기가 좋을까 저기가 좋을까
골짜기로 가서 털도 안 뽑고 해치웠다

아쉬운 맘

나이가 많은 것이 아쉬운 게 아니야
재산을 쌓지 못한 것이 아쉬운 게 아니야
고위직에 오르지 못한 것이 아쉬운 게 아니야
공부를 많이 못 한 것이 아쉬운 게 아니야

중학생 때 프랑스 신부가 시무하는 천주교가
근처에 있는데 찾아가 하나님을 믿었으면
일찍 넓은 사랑의 마당에서 뛰는 건데
생각할수록 참 아쉽다

울면 안 돼

멧새가 나뭇가지에
집을 짓듯
정성을 다하면
희망이 생기고
성공이 보이고
정직하게 밀고
나가면 안 되는 것이
없을걸

흐르지 않는 강

산골짜기에서 시작한 도랑이
이 골목 저 골목에서 합쳐져도
강물이 안 되면 어디 가서
속 터지는 감정을 하소연할까

삼복더위가 시작될 때
멍든 가슴을 풀어 보라는 듯
매미들이 합창을 해 다행

기러기도 그래
찬 서리가 내리기 전
북쪽 소식을 빨리빨리 전해 주면
어디가 덧나나

기다리다 지쳐
초점 잃은 눈망울이 허공을 맴돌고
가슴을 쳐 멍울이 생기고
텅 빈 가슴속에
아무것도 넣을 수 없을 때

울며불며
초승달의 희미한 빛을 따라
금강산을 넘어 순천만에 나타나면
쉰 목소리에 가슴이 철렁

* 2024. 6. 8. 카카오스토리에 게재

웃기만 하는 꽃

활짝 핀 꽃은
옆에 있는 꽃이
시들어도 웃기만 한다

꽃밭은
우는 소리가 없는 곳

차라리 웃어 주는 것이
福을 주고받는 것

새들은 새끼가 뱀에게 죽어도
조금 있다 노래를 부른다
얼마나 여유로운가

사람도 이웃을 만나면 웃고
떠나도 웃고 얼마나 좋을까

하늘을 봐라
별들이 웃고 있는 것을……

하늘에서 싸움이 나면
천둥보다 요란한 소리가
그칠 날이 없을 거야

* 2024. 7. 1. 카카오스토리에 게재

손에 잡고 싶은 것

손에 잡고 싶은 것 밀어 버리고
먹고 싶은 것 쳐다보지도 말고
몸에 입고 싶은 것 던져 버리고
발에 신고 싶은 것은 차 버려라

이런 걸 못 해서 욕심을 내다가
죽일 놈이야 귀가 막히게 듣고
맨몸으로 떠날 때 눈물 흘리며
후회 후회 해 본들 때는 늦으리

* 2024. 1. 15. 카카오스토리에 게재

모두 만나는 곳

저 사람 나와 가는 길이 달라
당연하지

내 말 들으면 나와 함께 갈 수 있을 텐데……
그럴 필요 없어

제 앞길도
모르는 녀석들이 참 많기도 하지

서로 원수같이 싸운 녀석
공연히 시비 걸어 칼질한 놈도
모두 만나는 곳이 있다

지옥地獄!

사랑의 메시지

사시사철 꽃이 피는 건
아름다운 땅에서 달에게 보내는
사랑의 메시지야

매미가 노래하는 건
남을 위해 일하는 농부들에게
보내는 사랑의 메시지야

산 여치가 덤불 속에서
노래하는 건 자식들을 위해
암자庵子에 불공드리러 가는 어머니께
보내는 사랑의 메시지야

여름밤 반딧불이
깜빡깜빡 비추는 것도 캄캄한 밤
아기가 아파 약을 사러 가는 아빠의 길을
밝혀 주려는 사랑의 메시지야

심심산골에서 보이는 유성流星은
아름다운 땅에서 보내는

사랑의 메시지를 서로 더 보려다
허공으로 미끄러진 것이라지

* 2024. 7. 8. 카카오스토리에 게재

밥이나 먹는 입

예수 석가 공자 소크라테스의
입은 밥이나 먹는 입이 아니야

똑같은 사람인데 황금 같은 입
꽃처럼 아름다운 말이 흘러나오고
확성기보다 더 멀리 퍼졌다

물이나 마시는 입은 괜찮아
똥통에서 주워 달았는지
거짓말만 나오는 입도 있다

꿀잠

털털한 녀석은 막걸리를
뚝배기에 따라 마셔야 술맛이 난다 하고
사흘 안 닦은 손으로 입가를 훔친 녀석은
상사발로 마셔야 제맛이라 하고

옛 방식을 못 본 젊은이들은
찌그러진 양은 양재기로 마셔야
진짜 막걸리 맛이 난다고 했다

옛날 바보와 현대 바보는 같다
감정으로 술맛이 나고
얼떨떨하게 취하는 것이 아니라

양조장에 술 거르는 녀석이
아침에 아내와 싸우고 나온 날은
찬물을 마구 퍼부어 술맛이 싱겁고
아내와 꿀잠을 잔 날은 술맛이 독한 거야

쓰레기장

쌍둥이도 외롭다
떠날 때를 보면 혼자다

아가씨의 꽁무니를 쫓는 녀석
외로움이 못 견뎌 하는 짓

새들도 우는 소리가
외롭다 외로워
짝을 부르는 소리라네

이 세상은 神의 쓰레기장이야
버려진 것들이 짝을 만나
울고 보채다 떠나는 곳

봄바람

1.
봄바람이 부니 볼록한 양 가슴이 두근두근
아버지가 안 계신 틈을 타 이웃집 노총각이
내 손목을 잡아 끌었네 부끄러워 뿌리치니
밥통 같은 사내 사정도 안 해 보고 달아났네
야이- 야이- 야이- 야이-

2.
봄바람이 부니 마음이 설레어 안절부절
어머니가 안 계신 틈을 타 아랫집 선머슴이
내 손목을 잡아 끌었네 부끄러워 뿌리치니
바보 같은 사내 사정도 안 해 보고 달아났네
야이- 야이- 야이- 야이-

3.
봄바람이 부니 치마 속으로 바람이 들어가
마음을 달랠 길 없어 뒷동산 절에 오르니
사미승이 내 손목을 잡아 끌었네 부끄러워
뿌리치니 바랑을 둘러메고 멀리 달아났네
야이- 야이- 야이- 야이-

가로등

촛불보다 천 배나 만 배나 밝은 빛
주정뱅이와 강아지까지
돌부리와 웅덩이를 잘 보라고

뺨을 치고 달아나도 모르던 옛날
한양의 밤거리를 헤매다 급한 놈은
담 모퉁이에 깔겨 대고 낄낄- 낄- 웃었다

장안長安이란 말만 들어도 촌뜨기들은
겁이 나고 가슴이 두근거리던 것이
실제로 솟을대문 앞을 지나가면
종놈들이 뛰어나와 갓 쓴 양반도 봉변당했다

공중변소가 없던 시절 대로를 벗어나면
똥 냄새로 코가 상할 정도였고
비가 내리는 날은 집집마다 뒷간의
똥을 퍼 도랑에 버리는 날

도랑 근처의 샘물을 길어다 먹고 파리 모기가
들끓으니 염병과 마마가 삼 년이 멀다 하고 유행
세종대왕 때 인구조사를 해 보니 오백여만
삼백여 년이 지난 정조 때도 오백여만

도둑이 들끓으니 포도대장은
삼 일이 멀다 하고 임금 앞에 불려 가고
백성들은 두 다릴 뻗고 편히 잠잘 날이 없었다

연극

연극은 인생의 희망 절망 설움 등
생활에서 한 토막을 그려 내
같이 웃고 울고 짜기도 한다

어떤 사람의 미래를 말하기도 하고
지나온 과거도 그럴싸하게 맞추어
눈물을 흘리게도 한다

연극 같은 인생
연극을 하며 살면 되는데
억지를 부리다 속을 썩이고……

몇 사람이 모인 앞에서라도
연극을 해 봐라
웃고 우는 사람이 많다
물어보나 마나 처지가 비슷하니까

삼복三伏에도 떠는 시인

남의 詩를 읽어 보고 시시하다고……
그런 망측한 녀석이 어디 있어
제 맘에 안 든다고 함부로 깔아뭉개

작자의 환경과 처지 고심 속에서
흘러나온 게 분명한데 혹평하면 못써

수백수천 년이 지난 후
어느 사람의 입맛에 딱 맞아
이렇게 훌륭한 시를 누가 남겼을까

조석朝夕으로 변하는 시절
막말하는 사람이 최 下手

저무는 지평선

지평선에서
해가 쉴 곳을 찾으려 하니
먹구름이 기다렸다는 듯
붉은 해를 폭 싸 버린다

땅 끝과 해가 마주치면
서로 정답게 얘길 하나 봐

갈- 까마귀들이 떼를 지어
그 꼴을 보려고
하늘가를 빙- 빙- 도는데

김제평야를 달리는 버스기사는
착하기도 하지
재촉하는 사람이 없는데
바퀴가 불이 나게 달려
흙먼지로 뒤따라오는 차를 볼 수도 없다

군산에 도착하니
가로등이 하나둘 빛을 내고
갈 길은 아직도 먼데
하루해가 왜 이리 짧으냐

* 1982. 12. 9. 홍성에서 주말 同직원들과 내장산에 단풍 구경 갔다 올 때 김제평야를 지나는데 석양의 노을이 너무나 아름다워 기록한 詩. 사진도 있다.

따뜻한 손

이글이글 타는 모닥불에
녹인 손이 아니야

참나무 숯불에
녹인 손도 아니야

다리를 저는 거지에게
돈 몇 푼 쥐여 준 손도 아니야

학질에 걸려
머리가 어질어질하는데
이마에 손을 대 본
한의원의 손도 아니야

배가 몹시 아프고
죽 끓는 소리가 날 때

어머니가 "내 손은 약손
애기 배는 똥배" 하시며
정성을 다해 문질러 주던
우리 어머니의 손

불쌍한 사슴

참 불쌍하다
내가 버린 시든 꽃을
맛있다고 주워 먹으러 오니

야, 이 가련한 놈아
한자리에 서서 움직이지도 못하고
나는 능선을 넘으면 푸른 바다도 보고
마음도 넓히고……

바오밥나무는 사슴의 말을 듣고
후회가 나고 눈물이 났다
한 자리에 서서 천여 년을 살았어도
얻은 게 무엇인가

말도 못 하고
떠가는 구름을 본 것이 전부다
세상에는 마음이 손바닥보다
작은 녀석들이 참 많다

불안한 마음

사람들의 얼굴을 보면
모두가 불안해 보인다

고층 아파트에 사는 사람들
근처에 더 좋은 아파트가 생기면
자기 아파트 값 떨어질까 봐

고급 승용차를 타고 다니는 사람
친구가 더 좋은 차 탈까 봐

은행에 수십억을 쌓아 놓고 사는 사람들
이자 더 떨어질까 봐

삼십 대 후반 남녀들
이십 대 스타들이 나타나면
벌써 퇴물退物이 된 느낌 때문에
잠이 안 오고 항상 마음이 초초하다

* 2024. 8. 15. 카카오스토리에 게재

초점 잃은 눈

머릿결이 허리까지 내려온
아가씨가 걸어간다
학처럼 머리를 창밖으로 내밀고 봐도
얼굴 윤곽은 희미하고
눈을 비비고 다시 봐도
확실하게 보이질 않는다

아주 미인인 것 같은 느낌이 든다
결혼은 했을까?
아기 엄마인지도 모르지
하얀 강아지가 졸랑졸랑 따라간다
강아지는 참 행복하겠다
그런 아가씨를 따라다니니……

각선미는 또렷하게 보이는데
빨간 벽돌집 가까이 갔다
저 집 모퉁이로 돌아가면 보이지 않겠지
하필 거기에 집이 있을까
그 집에 사는지도 모르지
여인이 사라지고 나서

초점 잃은 눈은 멀리 능선을 바라보는데
머릿속에선 그림 같은 영상이
지워지지를 않는다
종일토록 아무것도 한 일이 없는데
저녁때 여인을 본 것이
오늘 제일 큰 사건으로 남겠다
참 쓸쓸한 하루가 흐르고 있구나

* 2024. 8. 22. 카카오스토리에 게재

민초들의 삶

민초들의 팍팍한 삶
내일이면 나아질까 모레는 괜찮겠지
달이 가고 해가 가도 도로 그 타령

이웃에 해죽해죽 웃으며
좋은 차 타고 다니는 사람
알고 보니 도둑이라네

그런 녀석이 더운밥 먹고
좋은 집에 사는 세상이니 기가 막히네

농사지을 때는
이웃에게 거저 나눠 주던 채소가
시장에서 사면 한 접시도 못 되는 게 금값

여기 가도 벽 저기 가도 벽
하늘엔 개구멍이라도 있을까
눈을 뜨면 참 답답하구나

* 2024. 5. 8. 카카오스토리에 게재

인천대공원

매미들의 천국에 들어온 듯
매미들의 합창에 말을 잊고
사람마다 얼굴에 미소가 가득

오솔길을 따라 올라가니
말매미가 모여 노래하는 곳
참매미가 모여 노래하는 곳
쓰르라미가 모여 노래하는 곳

사람들도 박씨 김씨 이씨 등
많이 모여 사는 마을이 있지

하늘은 참 큰 뜻을 가지고 있다
복중에 매미 합창단을 보냈나 봐
더위에 지친 머리가 시원해지네

뻐꾸기가 시샘을 하듯 뻐꾹- 뻐꾹-
하늘의 천사들도 손뼉을 칠 테지……

* 2024. 8. 8. 카카오스토리에 게재

명대로 살기

꽃이 제아무리 예뻐도
시인이 예쁘다는 찬사를 안 쓰면
아무것도 아니야

예쁜 꽃이 언덕에서
"날 보러 와요"
아무리 외쳐도 소용없고

벌 나비가 꽃이 예뻐서 찾아오지는 않아
꿀이 적다고 욕하지 않으면 다행

天地를 창조한 하나님도
마귀에게 욕을 많이 먹어 참으려고
눈을 지그시 감고 있다지

그러기에 별별 짓을
다 하는 녀석도 命대로 살지

소리 없는 웃음소리

무엇이 발을
끌어당기는지 정신없이
가다 보니 연못가로 향한다

드문드문 연꽃이
활짝 피어 웃고 있는데
웃음소리가 크게 나지만
내 귀로는 들을 수가 없다

잠자리도
웃음소리를 들었나 봐
암수가 연꽃 사이로 날며
즐거운 듯 사랑놀이를 하고

물속에서는 잉어
메기 가물치 붕어가
서로 간지럼을 태우는지
물방울이 사방으로 튄다

물에 물 탄 듯

마음은 형체가 없으니까
물에 물 탄 듯 술에 술 탄 듯
합심하기가 쉬울 것 같지만
평생을 같이 산 부부도
화합이 안 돼 싸움하는 때가 많다

청춘 남녀 두셋이
세상을 살아 보지도 않고
무엇이 걱정인지 모텔에 모여
약을 먹고 함께 천국으로 떠났다니
그렇게 어려운 일을 쉽게 합심할 수 있을까

따뜻한 시선

멧새가 매화나무를 바라보듯
꾀꼬리가 참나무를 바라보듯
서로서로 따뜻한 시선을 보내면
이 세상이 얼마나 좋을까

풀밭에서도 민들레꽃이 웃으며
달맞이꽃을 바라보고
구름은 뒷동산을 넘어 순이네 집
살구꽃이 피었는지 궁금하다며
허겁지겁 넘어갔고

강아지도 이웃 사람을 보면
반갑다 꼬리를 치는데
강아지를 끌고 가는 아가씨는
하늘만 쳐다보고 걸어가누나

* 2024. 3. 22. 카카오스토리에 게재

살아 있는 시체

입춘이 언제 지났는지도 모른 채
뒷동산에 오르니

어디서 들리는 소리
이 향기를 알아?
얼른 대답이 나오지 않는구나

겨우내 방 안 책장에서
먼지 쌓인 묵은 책 냄새에 코가 절어
새봄의 푸른 향기를 느낄 수가 없구나

작년 봄에 피었던 복수초가
덜 녹은 눈을 뚫고 나와 곱게 피었고
양지바른 언덕 매화는
묵은 가지 끝에서 또 피고

우리 마을 동구 밖을 지키고 서 있는
벚꽃이 작년보다 더 많이 피었는데
가슴만 벅차고 말은 한마디도 나오지 않네

새싹의 미소

개나리가 지나가는 소녀의
해맑은 얼굴을 보고 웃고
목련도 덩달아 웃고 있는데

눈 녹은 잔디밭에서는
파릇파릇 새싹이 웃음 짓고
송아지도 뭘 봤는지 기분이 좋아
이리 뛰고 저리 뛰니
목에 단 방울이 박자를 치네

새들이 날아가다 내려다보고
웃음을 참을 수 없어
더는 못 가겠다고 나무에 앉는다

세상이 온통 웃음소리
이런 것이 모두 다 하늘이
사람을 기쁘게 하는 일인데

사람은 금덩이만 생각하고 걷다
구렁텅에 빠지기도 하누나

6월에 잠드신 靈前에

햇빛이 유난히도 맑고 찬란한 계절
산과 들이 짙푸른 이불을 덮고 하늘을 향해 기쁜 손짓을 하고
멧새들은 숲속에서 목이 쉬도록 즐거운 노래를 부른다
1950년 6월 25일 여명黎明!
아직 단잠이 채 깨기도 전 쾅, 쾅, 쾅……
지축을 흔들고 고막이 터질 듯 대포 소리가 산 너머에서 연거푸 나더니
인민군이 탱크를 몰고 눈알이 독사눈처럼 살기를 띠고
38선 남쪽으로 물밀 듯 내려왔다
처음에는 동족이란 감정에 총으로 대항하기보다는 멍-하니 바라만 봤다
총탄이 우박처럼 떨어지는 속에서 으악-! 비명 소리에 옆에 있던 병사가
쓰러지는 것을 보고서야 적개심에 몸이 부르르 떨렸다
카빈소총의 불이 닳도록 쏘았지만 소총으론 대포를 이길 수가 없다
당시 위정자들은 날이 새면 민주주의를 한다고 자리싸움만 하고
세월을 보내니 북쪽 사정이 캄캄해 전쟁 대비는 생각도 못 하니
앞장선 청년들의 귀한 목숨이 제물이 되었다
하나밖에 없는 귀한 목숨을 초개같이 버리며 이 산하를 지킨 무명용

사들의 덕택에 오늘도 웃고 떠들고 술주정도 하고 주먹다짐도 하며 산다

아! 6월 6일 10시 사이렌 소리에 1분만 묵념하지 말고 젊음을 피우지도 못하고 산화한 영령들에게 항상 감사와 사랑의 메시지를 보내야지

노부모의 가슴에 한스러운 혹을 만들고 젊은 아내의 피 맺힌 통곡 소리가 지금도 귓가에 들리는 듯하다

바람 앞에 등불 같던 조국을 지켜 내고 호랑이도 맨손으로 때려잡으려던 그 기개를 세월 속에 묻고 주름살만 남은 노병들도 사랑하고, 바람만 불어도 한숨 구름만 떠가도 한숨, 눈을 감으면 그림자처럼 다가오고 꿈속에선 언제나 웃음 짓고 서 있어, 다정히 부르면 대답 없는 임을 가슴에 품고 청춘을 눈물로 보낸 미망인도 사랑하자

"平和를 원하면 전쟁을 준비하라"

어느 선각자의 말을 다 같이 상기하자!

환희에 찬 노래를 부르자

찬란한 태양이
검푸른 파도가 넘실대는
동해 바다에서 불끈 솟아오르면
사람보다도 갈매기가 먼저 선잠이 깨
마음껏 날개를 펴고 춤을 춘다

겨레여 모두 다 나와서
환희에 찬 노래를 부르자
온 세상 거친 땅도 많은데
아세아 동쪽 금수강산錦繡江山
산 높고 물 맑은 곳
이 땅에서 반만년을 살았다

화나는 일은 다 접어 두고
입을 크게 벌리고 손뼉을 치며
목청껏 노래를 부르자

북쪽도 함께 손에 손을 잡고
통일을 이루자
우리는 배달민족 단군檀君이 조상이다
칠천만이 입을 크게 벌리고
기쁨에 찬 노래를 부르자

마음만 가는 곳

몸은 갈 수 없고 마음만
갈 수 있는 그곳은 참 조용하고
바람소리도 없을 거야

비몽사몽非夢似夢간에 들었는데
그곳에도 소용돌이가 일어나고
이 땅의 몇백 배나 되는
덩어리가 순식간에 빨려 들어가면
먼지처럼 날리기도 하고

하품 나게 큰 덩어리가
공깃돌처럼 쏟아지기도 하고
용트림하는 곳이 수천억이라니
별들이 똥 쌀 때처럼 떨어진 것들

아유 생각할수록 무서워!
이 땅에서 사람들이 서로 헐뜯는
소리만 빼면 아직 괜찮구나

입이 대포

총알이 날아와 봤자
상처도 안 난다

적어도 대포를 맞아야
날아가거나 박살이 난다

대포도 한 방에
나가떨어지는 건
겨우 족제비나 멧돼지 정도

대포를 연거푸 맞아도
끄떡없는 사람이 많다

일등 요리사

세상에서 누가
제일 맛있는 요리를 할까

호텔에서 일하는
일등 요리사의 요리도 좋고

이름난 식당 아주머니의
감칠맛 나는 음식도 좋지만

뭐니 뭐니 해도 우리 어머니의
구수한 손맛을 따라갈 사람은 없다

* 2020. 6. 8. 카카오스토리에 게재

단 일 초

각종 사고 때문에
하늘나라로 떠난 사람들

안면이 있고 없고 간에
가슴을 저리게 한다

당시 찰나의 순간을
일 초만 벗어났으면……

운명이라 말해야 할지
서로 부주의한 탓이다

가족 중 三人이 사고를 당해
세상을 떠난 것을 생각하면
생각할수록 가슴이 아리다

기다림

신륵사 저녁 종소리
天上의 어디까지 올라가
땅에서 한을 못 풀고 떠난
영혼들을 깨우쳐 주고
몇 억겁이 지나서야
그 소식이 되돌아올까

아름답게 살다 떠난 이들은
예쁜 꽃씨가 돼 떨어졌다는
풍문도 있고 악귀惡鬼처럼 지낸 이들은
끝없는 하늘에서 헤매다
승냥이로 변했다는 소식이
어느 산골에 바람을 타고 전해졌고

온 인류에게 사랑을 가르치다
떠난 예수는 재림의 기도가
삼층천三層天에 아직 안 닿았는지
이천여 년을 기다려도 감감무소식

* 2024. 5. 27. 카카오스토리에 게재

아이들 웃음소리

언덕에서 조잘조잘
냇가에서 풍덩풍덩
아이들 웃음소리에
때까치가 제 목소리보다
크다고 때깍- 때깍-

날아가는 꾀꼬리가
앞산에 전하고
뻐꾸기는 뒷동산에 전하고
맑고도 청아한 아이들 소리
다 어디로 숨고

콜록- 콜록- 늙은이
기침 소리만 나는가……

꽃을 만든 이유

꽃을 왜 만들었을까
하나님이 인간을 잘못 만든 걸
후회하고 생각해 낸 작품

꽃이 없었다면
인성人性이 더 사나워졌을 텐데
그나마 다행이다

하나님도 속이려는 게 인성
마음 깊숙한 구석에서
불쑥 나타나 멸망의 길로 간다

마귀의 말을 잘 듣는 者
얼굴을 보곤 분간할 수가 없다
실패한 자들을 보고도 모르면
자기도 그 길로 들어선 사람

상책上策

사흘 밤낮을 이불 쓰고 누워
이것저것 생각하니
아무것도 잡히는 것도 없고
떠오르는 것도 없고

머리는 태어날 때부터
텅- 빈 것 같았고
덮어쓴 이불을 조금 벗기니
시끄러운 세상일만 들리는구나

옷을 주섬주섬 입고
부끄러운 짓은 한 일이 없지만
하늘을 가리는 모자를 쓰고
뒷동산을 향하여 길을 나섰다

새소리를 듣는 게 제일
속이 편하고 머리도 맑아지고……
이런 것이 상책이야
생각하니 웃음이 나고 발이 가볍다

까치 언니

소금장수가 넘던
오솔길 옆 오리나무에서
멧새 한 마리가 노래를 한다

소금장수가 죽은 지
삼 년이 넘었는데 아직도 노래를
부르냐고 여치가 비웃었다

박새도 듣고
까치 언니도 듣고
떠가는 구름도 듣고
네 심술이 구름을 타고
산 너머 오두막집에 사는
영감이 들으면 덤불에 불을
놓아 영원히 못 살 거라 했다

애호박이 구르듯

천만 년을 살 듯이 재물을 쌓고
인색하게 살아 봐야
부르는 곳에서 명단을 뒤적이고
있는 건 모르고 있다

꽃이 예쁘다고 감탄만 하면
거죽만 보는 거야
심성을 닦으라는 뜻을 모르면
인생을 헛사는 것

짜증 나는 일은 웃음으로 삭이고
남에게 모진 말을 하면
허공에서 뭉쳐져 벼락처럼 떨어지면
마파람에 애호박이 구르듯 한다

천사처럼 예쁘게

천사들이 내려와
사람들과 섞이면
사람이 천사처럼
예뻤던 시절도 있었지
하늘나라의 의義를 구해
진실로 진실로 찾는 날에는
아름다운 꽃보다 예쁘기 때문
사람이 꽃잎으로 옷을 해 입으면
천사들이 손을 흔들고 부러워했었지

활짝 핀 꽃

그믐밤 꽃이 필요 없는 것 같지만
박쥐에게 달콤한 꿀을 누가 먹여 줘
꽃처럼 사명감이 똑똑한 건 없다네

개구리가 모기를 잡아먹는 것도 알고
뱀들이 개구리를 잡아먹는 것도 알고
왜가리가 뱀들을 잡아먹는 것도 알고
큰매가 왜가리를 잡아먹는 것도 알고

보고 듣고 침묵 속에서 모른 체하는 건
인간이 말이 너무 많은 걸 참으라는 뜻
하나님의 섬세함을 우둔한 사람은 몰라

물어볼 거야

별들에게 물어보자 날이 밝으면 뭘 생각하나
나무에게 물어보자 날이 밝으면 뭘 생각하나
꽃들에게 물어보자 날이 밝으면 뭘 생각하나
암소에게 물어보자 날이 밝으면 뭘 생각하나
늑대에게 물어보자 날이 밝으면 뭘 생각하나
토끼에게 물어보자 날이 밝으면 뭘 생각하나
까치에게 물어보자 날이 밝으면 뭘 생각하나
참새에게 물어보자 날이 밝으면 뭘 생각하나
여치에게 물어보자 날이 밝으면 뭘 생각하나
사람끼리 물어보면 결국 싸움이 나고 마니까
차라리 허수아비에게 물어보는 게 낫지 아마

수필

공주와 옹주

　조선조 시대의 공주와 옹주의 생활을 살펴보면 정실 왕후의 몸에서 출생하면 공주이고 후궁에서 태어나면 옹주라 했지만 실지는 차별이 없었다. 왕자도 왕후의 몸에서 출생하면 대군이라 했고 후궁의 몸에서 출생하면 그냥 군의 호칭으로 불렀다. 그런데 공주와 옹주는 평민의 딸보다 훨씬 바보스러웠다. 어려서부터 호화롭게 자랐지만 제 손으로 할 수 있는 건 하나도 없었다. 옷도 시중드는 궁녀가 입혀주었고 당시 뛰어난 화장품으로 얼굴을 다듬고 비단 옷으로 치장을 했다. 화장실은 뒷방에 병풍을 치고 큰 놋쇠로 만든 요강을 놓고 해결했다. 20세 이전에 시집을 가도 시중을 드는 궁녀가 따라갔기 때문에 아무것도 할 필요가 없었다. 다만 입으로 지시만 하고 겨우 예절을 가르치는 궁녀에게 언문(한글)을 배우는 것이 전부였다.
　과거시험에 장원급제하거나 잘생긴 대신들의 아들은 부마(왕의 사위)로 결정되면 죽을 맛이었다. 조선시대 첩을 얻는 것은 양반 사회에 보통 있는 일인데 부마는 첩을 얻을 수 없었다. 행동을 조심해야 하며 부인을 데리고 사는 것이 아니라 모시고 살아야 했다. 시부모도 공주마마를 입에 달고 살아야 했으며 대화할 때도 서로 존경했다. 출세하기는 더없이 좋은 기회이지만 자유롭게 살고 큰소리치며 살고 싶어도 공주의 눈치를 보며 살아야 했다. 잘못돼 망한 집안도 있다. 숙종의 부마는 입궐해 숙종과 같이 점심을 먹는데 밥을 물에 말아 먹다 남겼다. 그것을 본 숙종은 "처음부터 먹을 만큼 밥을 물에 말든가, 이왕 물에 말았으면 다 먹어야지. 음식을 남기면 짐승이 먹겠지만 음식은 귀한 것이라."라고 부드러운 말로 일침을 주었다. 부마는 몸 둘 바를 몰라 쩔쩔매었다. 영조의 딸 화원 옹주는 성질이 괴팍하고 억센 여인이었다. 자주 대궐에 들어와 살며 궁녀와 후궁들을 들볶으며 살아 궐내에서 원성이 아주 많아 영조가 시가로 가라고 말하기까지 했다.

  영조의 아들 사도세자는 어려서는 제법 영리한 것 같았지만 영조가 바라는 천하영재가 못 되었다. 대여섯 살부터 거의 날마다 꾸지람 속에 살아 십칠팔 세가 되었을 때는 하루하루 제정신으로 사는 날이 없을 정도였다. 어느 때는 꾸지람을 듣고 죽어 버리겠다고 궁 안 깊은 우물에 몸을 던져 내시들이 줄을 타고 들어가 끌어올린 때도 있었고 툭하면 대전 앞에서 무릎을 꿇고 별 잘못도 없는데 석고대죄를 했다. 대신 홍봉한의 딸 혜경궁 홍씨와 결혼했지만 마음에 들지 않았다. 후궁과 사랑을 나누다 혜경궁 홍씨의 투기에 다투는 일이 많았다. 화가 나서 궁녀가 옷을 입혀 주는데 맘에 안 든다고 장검으로 찔러 죽이는 일이 여러 번 있었다. 궁 안은 밤이 되면 내시들이 칼을 차고 경비를 하고 담장 밖은 내금위, 우림위, 겸사복에 속한 특수 훈련을 받은 군대 칠팔백여 명이 삼엄한 경비를 했다. 내금위장은 현재 '대통령 경호처장' 같은 직책으로 왕이 직접 선택한 사람이었고 대개 한 부대에 이백여 명쯤 되었다. 세조 때 실록에 기록된 한 장면을 보면 신숙주 정인지등 근신들과 겸사복장도 같이 세조와 춤을 추고 노는데 그중 이계전李季甸(死六臣中 이개의 3촌)이 세조에게 많이 취했으니 그만 들어가 쉬라고 하자 평소의 불만을 표출했다.

"내 맘대로 하는데 네가 왜 이래라저래라 하느냐." 하고 이계전에게 곤장 20대를 치라고 명했다. 형식적으로 가벼운 매를 맞은 이 계전을 끌어안고

"나는 너를 사랑하는데 너는 왜 나를 싫어하는가?" 했고 밤이 늦도록 술을 마시며 놀았다. 사도세자가 어느 때는 동궁東宮을 지키는 내시가 한밤중에 자기를 죽이려 한다고 잠을 자다 일어나 가까이 있는 내시를 장검을 들고나와 쳐 죽이는 일도 있었다. 상방 없이 행동하다 사랑하던 궁녀도 죽이고 후회하고 제정신이 아니어서 장차 대신들과 나라를 경영하고 백성을 돌볼 만한 인품이 되지 못했다. 그래서 사도세자를 낳은 후궁 이씨가 이런 사실을 영조에게 일러바쳐 결국 뒤주 속에 갇혀 굶어 죽었다.

영조 자신도 뛰어난 인물이 못 되고 서자로 태어나 궁녀들에게 왕밤을 맞고 발에 차이기도 하며 어린 시절을 보냈다. 숙종의 후궁 영빈 김씨는 이를 불쌍히 여기고 자기가 낳은 자식이 없으니 '나를 어머니라 부르라' 하고 보살펴 준 때가 십이삼 세쯤 되었다. 조금이나마 궁 안에서 글을 배우고 맘을 놓고 살 수 있었다. 영조의 생모는 무수리(궁중에서 빨래하고 물 긷는 담당) 출신이라 더 구박덩어리였다. 그런데 무수리 최씨는 연잉군(영조 왕자名) 시절 궁에서 계속 산 것이 아니고 궐 밖으로 내보내져 사가私家에서 살았다. 궁녀의 품계는 많은데 지위가 높은 궁녀는 거의 늙어서 임무를 감당하지 못할 때 내

보내 주었다.

그리고 실수를 많이 하거나 지병이 있거나 하면 내보냈다. 궁녀가 된 사람들은 中人이 많았는데 녹봉(봉급)을 받기 때문에 딸을 이용해 생계를 해결하려고 결혼을 안 시키고 궁녀로 보내는 일이 많았다. 행색이 초라하게 퇴락한 양반도 딸을 시집보내 자식 낳고 살게 하는 게 아니라 제 호구지책으로 궁녀로 길을 통해 밀어 넣었다. 궁녀는 현대와 비교하면 수천만 원의 연봉을 받는 자가 있는가 하면, 쌀 두 섬과 콩 닷 말을 받는 중간급도 있고 최하위는 쌀 6두를 받았다. 궁녀의 수는 대략 400여 명쯤 되었다고 한다. 장희빈은 中人의 딸인데 입궁 후 왕의 약을 달이는 곳에서 일하다 미모가 뛰어나 숙종에게 발탁되어 가까이하자 중전 민 황후가 가혹하게 대했다. 장희빈은 중전과의 싸움에서 이겨 중전을 폐비가 되게 하고, 자신이 중전이 되어 경종을 낳았다. 그러나 주술을 이용하여 민비를 모략하다 발각되어 사약을 받고 죽었다. 성종은 12세에 왕위에 오르자 大臣 한명회의 딸과 결혼했으나 몸이 약해 19세에 조졸했다. 성격이 호방한 성종은 불과 18세에 상처하고 안절부절못하던 차 27세나 된 연상의 궁녀인 윤 씨를 가깝게 했는데 시어머니인 한 대비와 불과 10여 세 차이밖에 나지 않았다. 한 대비는 한확의 딸로 글을 배운 유식한 여인이지만 22세에 아들 둘을 낳고 과부가 되었다. 성질이 괴팍하고 사나운 여인이라 며느리로 맞이하길 반대했지만 성종의 기질을 이기지 못했다.

윤비를 아주 싫어해 고부간에 싸움이 많았다. 그래서 결국 윤비는 연산군인 왕자를 낳았지만 사가私家로 쫓겨났다. 성종은 여러 후궁을 겪어 보니 다 비슷했다. 그래서 윤비의 안부를 알아오라고 궁녀들을 보냈는데 한 대비의 계략으로 "원망하고 있다"라고 엉뚱한 말을 만들어 보고하게 했다. 그래서 사약을 받고 죽은 비운의 황후가 되었다. 사극「대장금」을 통해서 궁 안의 행사를 조금 알 수 있지만 일부분이다. 궁중에는 제사를 비롯해 왕과 왕대비, 중전, 왕세자의 생일 등 행사가 많아 하루건너 잔치를 했다. 그래서 수라간 상궁, 대전 상궁, 대비 전 상궁, 굵직굵직한 상궁이 거느리는 궁녀들을 부리며 행사를 척척 해 나갔다. 형식적으로 중전의 명을 받았지만 중전보다 더 능숙하고 일사불란하게 움직였다. 그 밑의 궁녀들은 실수하면 혼이 났다. 머리끄덩이는 가벼운 형벌이고 곤장을 맞기도 했다. 그 많은 일을 맡긴 대로 잘해 내었지만 궁 안에 있는 샘이 깊어서 물 긷는 일은 쉽지 않았다. 직위가 높은 궁녀는 대신들과 암암리에 오라버니, 동생 등 결의형제를 맺고 궁 안의 소식을 전하는가 하면 대신들은 궁녀의 친족들의 벼슬자리를 마련해 주는 등 서로 떼려야 뗄 수 없는 일로 연결되어 있었다.

  광해군 때 상궁 김개시는 정승 못지않은 권력을 행사해 삼정승들도 굽실거렸다. 인조반정이 일어나던 날도 광해군에게 아무 일도 없을 거라고 광해군을 안심시켰으나 반군이 밤중에 횃불을 들고 대궐문에 당도하자 내통하던 군인들이 빗장을 열어 주어 광해군은 한 발짝도 움직이지 못하고 체포되었고 김개시 상궁도 제일 먼저 체포되어 목이 달아났다.

대전大殿에 속한 궁녀들은 임금이 잠자는 데 이부자리를 펴고 정리하는 것은 물론 숙직실인 차디찬 골방에서 졸음을 쫓으며 임금의 명을 기다렸다. 임금이 왕비가 거처하는 교태전交泰殿에서 사랑놀이를 하든지 후궁과 잠자리를 하든지 종이 한 장으로 가려져 보이지는 않지만 숨소리는 옆에 있는 거나 같아, 시집도 못 가 본 궁녀들은 그것도 큰 고역이었다. 한 사람이 아니고 여러 명이 담당했으며 일종의 왕의 신변을 보호하는 직책으로, 밖에는 칼을 찬 내시들이 경호했고 급변이 일어나면 신속히 연락을 수행하는 자리이기도 했다. 나약한 왕들은 처음에 익숙하지 않아서 옆방에 사람이 있다는 의식이 강해 제대로 행사를 못 하는 왕도 있었단다. 밤샘을 하면 다음 날은 휴식하고 교대로 담당했다고 한다. 마지막 왕 순종 때 나라가 쓰러지니 궁녀들이 생가로 가거나 갈 바를 모르게 되었다. 어떤 궁녀는 주방에서 이것저것 듣고 배운 지식으로 궐 밖으로 나와 요릿집을 열어 장안에 돈 많은 걸걸한 녀석들이 음식 맛을 따라 많이 찾아와 성업을 했고 호구지책으로 해결했다.

기적

　기적이라 하면, 들인 노력은 생각지도 않고 결과만 보고 흔히 특별한 운이 따른 것처럼 말하는 사람들이 많다. 고향 친구 중 오래도록 못 본 친구가 도시에서 일자리를 찾지 못하고 헤매다 실망을 안고 깊은 산골짜기에 들어갔다. 그곳에서 예전에 화전을 일궈 밭을 만들어 조를 심어 먹던 터를 발견하고 양 손바닥을 마주쳤다. 친구는 싹- 기분을 전환시키고 나서
　"내가 여기에서 다시 밭을 만들고 조를 심고 옛사람 방식대로 살아 봐야지."
　하고 열심히 돌을 주워 내고 밭을 만들어 갔다. 그런데 씨앗을 뿌리자마자 멧새들이 날아와 다 먹어 버렸다. 게다가 드문드문 난 싹은 밤이 되면 고라니, 노루, 산토끼와 심지어 멧돼지까지 달려들어 먹어 치워 첫해 농사는 조 이삭 하나를 구경도 못 했다. 잠자리에 누워 가만히 생각해 보니 밭가에 돌이 많아 귀찮다는 생각을 했는데 그 마음을 돌려 돌담을 쌓아서 짐승들이 침범하지 못하게 해야겠다고 마음먹었다. 아침에 일어나 밭에서 버린 돌을 주워다 억센 풀이 자란 곳부터 담을 쌓기 시작했다. 큰 돌부터 주춧돌 삼아 밑에서부터 쌓아 올라가니 날이 가고 달이 가 돌담이 가슴까지 닿았다. 이만하면 멧돼지도 못 넘을 것 같았다. 그런데 남은 시간은 어떤 일을 하며 보낼지 고민이었다. 자기가 터를 잡은 산 중턱에 폐광산이 있어

돌들이 무진장 쌓여 있는 것을 보았다. 그래서 남은 시간을 이용해 별 볼일 없는 돌탑을 쌓았다. 나무를 이용해 사다리까지 만들어 4m 도 넘게 쌓았다. 하나로 만족한 것이 아니라 하나를 완성하면 또 쌓고 또 쌓고 계속해 쌓아 나갔다. 보는 사람이 없으니 "뭐 하러 돌탑을 쌓느냐?" 물어보는 사람도 없고 땀이 나면 쉬어 가면서 큰일을 만난 듯 돌탑을 쌓았다. 사람들이 지켜보았다면

"참 할 일 없는 놈. 답답하게 저런 쓸데없는 일에 전심을 다하다니……. 도시에 나가 저렇게 노력하면 부자 될 거야." 하며 별별 흉을 다 보았을 것이다.

그런데 일 년 내내 사람은 구경도 못 했다. 자기가 필요한 쌀을 사려고 산길을 십여 리를 걸어 내려가면 첫 집에 노인 내외가 사는데 사는 모양은 자기보다 나을 게 없었다. 그런데 그 영감 내외는 도시에 아들딸이 살아 가끔 찾아온다는 얘기를 들었다. 그 할머니에게 쌀을 팔라 하면 밭벼는 맛이 덜하니 시장에 가서 사라고 말했다. 그러려면 또 십여 리를 걸어가야 했다. 사람을 만나기가 싫어 할머니에게 사정을 해 쌀을 사 가지고 왔다. 그러면 그 할머니는 인심이 좋아 된장, 고추장도 퍼 주고 산나물 장아찌도 주어서 종국에는 한 짐을 지고 올라왔다. 세월이 쉬지 않고 흘러 몇 년이 눈 깜짝할 새 지나갔다.

머리도 자연스레 길어졌다. 하지만 멋을 낼 필요도 없고 볼 사람이 없었다. 수염도 길면 가위로 적당히 자르고 긴 머리는 상투처럼 틀 때도 있고 처녀처럼 댕기도 따 보며 마음 가는 대로 머리를 하고

다녔다.

　돌을 땀 흘리며 주워 오니 저절로 팔뚝에 근육이 생기고 허벅다리가 씨름선수보다 더 단단해졌다. 폐광산 앞에 쌓인 돌을 다 주워 오면 다음은 어디에서 돌을 주워 오나, 돌이 없으면 돌탑을 자연히 못 쌓는 것이 아닌가? 하는 생각을 했다. 어느 날은 돌을 주우러 중턱에 올라갔는데 갑자기 소나기가 쏟아져 폐광산 입구로 달려갔다. 비가 억수같이 쏟아지자 갑자기 노루와 고라니가 비를 피해 광산 굴로 들어왔다. 그래서 노루와 고라니가 놀라 달아날까 봐 굴속으로 더 깊이 들어갔다. 들어가다 보니 천장이 무너지고 돌덩이가 금방 떨어질 것 같아 위험해 보였다. 입구에서 멀어지자 캄캄해서 더는 들어갈 수가 없었다. 다음 날은 굴속을 답사해 보고 싶단 생각이 떠올랐다. 그래서 이마에 헤드랜턴을 쓰고 굴에 천천히 들어갔다. 얼마쯤 들어가다 보니 이쪽에도 굴이 있고 저쪽에도 굴이 있고 입구는 하나지만 여러 곳으로 파고 들어간 것을 알 수가 있었다. 며칠 굴속 깊은 곳까지 답사했다. 굴이 천장을 뚫고 들어간 곳도 있었다. 고개를 젖히고 간신히 그 굴을 기어 올라가 보니 그 굴도 아주 깊었다. 중간쯤이나 왔을까 천장에서 돌이 무너져 내린 곳에 이상하게 헤드랜턴 빛을 받아 반짝반짝하는 것이 보였다. 굴 바닥에 떨어진 돌을 자세히 보니까 천정에 붙은 돌처럼 빛을 내는 부분이 있었다. 굴속에서 머리통만 한 돌덩이 하나를 가지고 나왔다. 이것이 정말 금인지 누구에게 물어봐야 할 텐데……. 아는 사람이 하나도 없어 그것도 걱정되었다. 정말 노다지 금이 나는 광산이라면 내 차지가 될 수 있을까? 예전에 광산을 하던 사장이 내 광산에서 금을 캐 가지고 와서 제 것이라 한다고 나서면 어떻게 해야 하나? 별별 생각이 다 들었다. 그리고 이 산중에 사람이라곤 들어오는 것을 본 일이 없는데 금이 난다는 소문이 나면 어중이떠중이 다 나타나 강도질을 하려 대들면 어떻게 해야 하나? 그동안 편안하게 살 때가 좋은 것 같았다. 시내에 나가 헛소문을 퍼트리는 것보다 덮어 두고 말까? 하루 종일 손에 아무것도 잡히는 것 없이 하루해가 저물고 말았다. 돌덩이를 나르던 손이 어쩐지 힘이 다 빠진 것 같았고 다시 돌탑을 쌓을 힘이 나지 않았다. 하루 종일 자면서도 생각, 뒷간에 앉아서도 생각, 이리저리 생각을 해도 아무 답이 나오지 않았다. 그때 머리에 스치는 것이 있었다.

"오라, 산 밑에 할아버지한테 물어보고 아무것도 아니라면 덮어두고 말자."

아침을 먹고 돌덩이를 깨끗한 비단 보자기에 싸 들고 산을 내려가기 시작했다. 먼 곳의 산 능선에 안개가 자욱하고 영봉은 파랗게 보인다. 저것처럼 내 희망이 이루어졌으면……. 가슴이 자기도 모르게 두근거렸다. 더 심하면 심장마비가 일어나지 않을까? 걱정이 되기도 했다. 그런 생각을 하며 걸어가니 다리에 바람개비가 달려 저절로 발걸음이 가볍고 날아가는 것 같았다.

그래서 거뜬거뜬 걸어가 어느새 할아버지가 사는 집에 도착했다. 깊은 산골에서는 사람 보기가 드물어 할머니가 반가워서 웃음을 띠고 말했다.

"아침을 못 먹었으면 밥이 있어요."

우리도 금방 먹었다며 권했다. 아침을 먹었다고 대답하고 물었다.

"할아버지 계신가요?"

"그 양반은 아침 먹고 산에 올라갔네요."

"어느 골로 가셨나요?"

"이 산중에 어디에 있는지 산에 대고 물어봐야지."

하하하하하…… 호호호호호……. 두 사람은 웃음보가 터졌다. 호랑이도 제 말 하면 나타난다더니 할아버지가 산을 오르다 안개가 너무 짙게 드리우니까 기침이 나서 내려왔다며, 말구가 사립문을 나서자마자 마주쳤다. 인사를 하니까 대답도 안 하고 물었다.

"혼자 살아도 부족한 것이 많지?"

"아닙니다. 제가 돌덩이를 주웠는데 할아버지께 여쭤보려구요."

"뭔데, 비단 보자기에 싸 왔나?"

"별건 아니고요. 담을 만한 것이 없어서 옷 보자기에 싸 가지고 왔어요."

"뭐야. 버섯……?"

할아버지 내외는 버섯을 따 가지고 장 반찬을 사다 먹는단다. 쪽마루에 말구가 비단 보자기를 펴자 돌덩이 몇 개가 나왔다. 할아버지가 말했다.

"자네, 광산에 미치면 큰일 나네."

"큰일 날 게 뭐 있어요? 혼자 굴을 팔 수가 있나요. 뭐."

"아냐, 그런 데 정신 팔리면 하던 일을 집어치우고 전국으로 떠돌아다니고 허송세월하다 인생 끝장내고 마는 거야."

"당신 같은 사람 또 있을까 봐?"

할머니가 말했다. 허허허허허…… 웃으며 말구가 내놓은 돌덩이를 이리저리 유심히 보고 있었다.

"이거 폐광산에서 주워 온 거지?"

"예."

"이런 거, 전에는 볼 수 없었던 건데……."

"제가 소나기를 피해 굴에 들어갔는데 노루와 고라니가 비를 피해 들어오더라고요. 그래서 노루 고라니를 피해서 더 깊이 들어갔어요."

"노루 고라니가 물까 봐?"

"하하하하하……."

"놀랄까 봐 그랬지요. 그런데 천장이 무너져서 바닥에 쌓이고 캄캄하고 무서웠어요. 바닥에 반짝반짝하는 돌이 있어 주워 온 거예요."

"이거 금이야. 그런데 광맥이 크고 많아야지. 조금 박힌 것 가지고는 소용없고, 이런 걸 보고 재산 다 날린 사람이 많다네."

"확실히 금돌인가요?"

"맞아. 내가 한번 가 볼까?"

말구는 할아버지를 모시고 폐광산으로 갔다. 할아버지는 당신도 이 광산을 보고 들어와 살 만하던 농토 다 팔아먹고 오도 가도 못하고 이 산골에서 개간해서 조밥 먹고 산다는 얘기를 굴 앞에 도착하기까지 말씀하셨다. 말구는 집에서 괭이를 메고 헤드랜턴을 이마에 걸고 손전등이 또 있어 할아버지에게 드리려고 가지고 나왔다.

할아버지가 무너진 돌더미에 길이 막히면 말구가 괭이로 파헤쳐서 할아버지가 좀 편안하게 들어갈 수 있게 길을 만들었다. 얼마를 들어가자 말구가 주운 돌이 있던 곳까지 왔다. 할아버지가 전등으로 천장과 바닥을 비춰 보고 내가 이 광산에서 일할 때 이 정도만 봤어도 일생 조밥은 안 먹고 살았을 것이라고 탄식했다. 할아버지가 돌덩이 몇 개를 주워 주머니에 넣고 나왔다.

"나, 자네 얼굴은 많이 봤지만 이름도 몰라."

"조말구입니다."

"조말구, 이름 좋다. 하하하하하……."

"할아버지 왜 웃으세요. 제 이름이 이상한가요? 할아버지가 지어 주셨다는데요."

하하하하하하……. 할아버지가 허리를 폈다 구부렸다 하며 한참 웃고 나서 "좋다 말구는 아닐 거야." 말구는 답변할 말이 안 나왔다.

하하하하하하……. 말구도 따라 웃었다.

"좋다 말구가 아니고 큰 광맥이 계속 나왔으면 좋겠네요."

"며칠 있다 나하고 산업자원부에 등록하러 가세."

"이런 것도 등록하나요?"

"산 주인은 아무 소용 없어. 지상권만 있고 광맥을 발견한 사람이 등록하면 채굴할 권리를 얻는 거야."

"그렇군요."

할아버지는 이런 일을 젊어서 해 보고 까마득하게 잊어버려 변리사 사무실을 찾아가 등록 신청하는 것이 먼저라고 말했다. 할아버지가 젊어서 산주와 지상권에 관한 계약서를 잘 보관하고 있었는데 시효가 지났다. 그것을 보고 지번도 알고 변리사가 요구하는 서류를 넘겨주었다.

 신청한 지 보름도 안 되어 등록되었다고 공문이 왔다. 또 며칠이 지나 읍내에 나가 할아버지가 잘 다니던 곳에 가서 광산 이야기를 하니까 금방 눈을 화등잔만 하게 켜고 앞으로 달려드는 사람이 있었다.

 조말구는 하루아침에 금광 채굴권을 가진 사람이 되었는데 채굴을 주선하는 덕대와 계약을 하고 금을 제련하면 이익을 어떻게 나눌지, 광권 행사에 대한 권리는 어떠한지 등등 하나도 경험이 없으니 알 수가 없었다. 그래서 할아버지에게 매달리고 수입이 많게 되면 할아버지도 한몫 드리겠노라 입으로 쉽게 말했다.

 "자네 말 들으면 기분은 좋지. 그런데 나는 세상 떠날 날이 얼마 남지도 않았고, 실패의 쓴맛을 하도 많이 봤고 몽둥이로 죽지 않을 만큼만 얻어맞기도 하고…… 별별 험한 일을 많이 겪었다네. 자네 뒤는 내가 살펴 주지."

 "왜, 매를 맞으셨나요?"

 "이 사람아, 금은 안 나오지……. 날마다 일한 사람들 보름마다 품값을 안 주면 그 사람들은 뭐 먹고 살아. 전국 각지서 떠들어 온 놈들이라 술 먹으면 경찰도 소용없어. 죽지 않고 산 것이 다행이야."

 지금 시대는 옛날과 다르다. 옛날에는 농토가 큰 재산이었지만 지금의 산골 농토는 똥값이다. 도시에서 큰 건물을 가진 부자가 수십만이다.

그래도 인간의 심리는 더 많이 쌓고 싶어 안달한다.
그런 사람들이 저 혼자 계약하고 혼자 독식하려고 족제비가 밥 탐하듯 달려들었다. 말 몇 마디 했는데 광산 전문가들이 찾아오고 전등 들고 또 확인하더니 이만한 광맥은 전국 어디에도 현재 발견된 곳이 없다는 소문이 파다해졌다. 할아버지의 주선으로 정말 물주가 나타났다. 조말구는 이익금에서 6개월마다 1/10을 받기로 하고 계약금으로 10억을 요구하니까 반을 꺾어 5억을 주마고 했다. 조말구는 이제까지 몇백만 원도 손에 쥐어 본 적이 없었다. 그래서 사법서사 사무실에서 계약서를 작성해 한 부씩 나누어 가지고 선금을 받아 예금하고 할아버지 집에 돌아와 우선 5천만 원을 주었다.
"이 사람아, 내가 뭐 한 일이 있다고 돈을 줘."
"저는 돌덩이 하나 주워서 할아버지께 보인 것밖에 없는데요. 할아버지께서 등록도 해 주셨잖아요."
"그래도 그렇지. 난 돈을 받을 염치가 없구먼. 자네는 요새 젊은이들하고는 다른 사람일세. 자네가 복이 많으면 금맥이 크게 나올 것이야. 내가 웃으며 말했지만 '좋다 말구'는 안 되어야 할 텐데……."
사람은 돈이 손에 쥐어지면 웃음이 난다. 할아버지도 생각지도 않게 큰 선물을 받았고 그래서 셋이서 한바탕 웃었다. 할머니가 자기 집에서 저녁을 먹고 가라고 해 앉았다. 장에서 돼지고기도 사 왔다. 오래간만에 먹어 보는 숯불에 구운 돼지고기는 참 맛이 있었다. 늘 혼자 먹었는데 오늘은 할아버지 내외와 푸짐한 저녁을 먹고 작별인사를 한 뒤 산으로 올라갔다. 옛날에는 무서운 게 없었는데 돈을 예금하고 나니 갑자기 무서운 생각이 들었다.

조말구는 형이 셋에 누나까지 있다. 첫째 형은 일구, 둘째 형은 이구, 셋째 형은 삼구, 다음은 오순이 육순이 누나가 둘, 막내둥이 자기는 말구다. 오늘 저녁만 자고 내일은 고향에 가 아버지 어머니께 인사를 해야지 하는 생각이 났다. 그동안 혼자 사느라 부모 생각할 틈이 없었다. 형이 많아도 모두 형편이 좋지 못해 부모를 못 모시고 작은 농토에서 간신히 내외만 사신다. 몇 년간 정신없이 지내느라 편지 한 장 못 했는데 제발 살아 계셨으면 좋겠다.

고향에서 최고 좋은 논이 200평에 2천만 원이란 말을 들었다. 그러면 4억이면 4천 평을 살 수가 있다. 그런데 농사는 노동력에 비해 수입이 적다. 옛날에도 농사를 지으면 결국 장醬값이 부족하다고 했다.

사업체가 있는 이 산골로 모시고 와야 하나, 또 한 가지 걱정거리가 생겼다. 이 광산이 돌아가는 것을 확실하게 관리해야지 하는 생각이 들자 '산골이면 어때, 걱정 없이 모시고 살면 되지…….' 하는 생각이 들었다. 말구는 한 달을 굶어도 배고프지 않을 것 같았다.

금촌 잡동사니 2

* 시집 『오솔길』(2017년 8월 4일 출판) 부록 '금촌 잡동사니 1'에 이어서 기록함.

2017. 8. 4. 시집 『오솔길』 ISBN 979-11-5961-770-6(03810) 지식과감성# 출판.

2017. 8. 29. 2018년도 예산 429조원 발표: 국방비 43조 1천억 원, 병장봉급 21만 6천원~40만 5천7백 원으로 증액, 외교 4조8천억 원, 문화체육관광 6조 3천억 원, 환경 6조 8천억 원, 농림수산식품 19조 6천억 원, 교육 64조 1천억 억, 일반 지방행정 69조 6천억 원, 보건복지고용 146조 2천억 원.

2017. 9. 1. 詩 「뒤를 돌아보니」, 「우리가락」, 「단 한번」, 「하늘은 일기장」, 「세상은 노래동산」, 「아이들 소리」, 「눈을 감았다 뜨니」, 「말하는 구름」, 「그윽한 향기」, 「평온한 마음」, 「시끌시끌한 포구」, 「천천히 가자」, 「차를 끓이며」, 「반딧불을 보고 살던 시절」, 「무식한 나」 카카오스토리에 게재.

2017. 12. 11. TV ZENOS 60인치 子 재원 구입 설치함.

2017. 12. 19. 시집 『달빛이 흐르는 밤』 ISBN 979-11-5961-945-8(03810) 지식과감성# 출판.

2018. 1. 8. 詩 「구름을 타고 싶은 마음」, 「별을 세며 살자」, 「불안한 청춘」, 「혼자 가는 길」, 「초보」, 「섣달 그믐날에 제일 그리운 얼굴」, 「널뛰기」, 「보름달을 담아오자」, 「씨름」, 「흥이 겨운 봄」, 「물어보나 마나」, 「봄맞이 노래」, 「꽃神」, 「엄마와 천사」, 「작은 메아리」, 「나 하나쯤」 카카오스토리에 게재.

2018. 1. 18. 『동아일보』 보도: 2017년 말 자동차 등록 총 2,252만 8천 대, 국산 차 2,063만 2천 대(91.6%) 외제 차 189만 6천 대(8.4%)

2018. 5. 1. 신앙수필집 『죽은 자와 산 자』 ISBN 979-11-6275-111-4(03230) 지식과감성# 출판.

2018. 5. 8. 詩 「벚꽃이 핀 공원」, 「돈 없는 청춘」, 「꽃길을 걸으며」, 「앞산과 뒷산」, 「사이좋은 시냇물」, 「소중한 하루」, 「인생의 가치」, 「꽃 그리기」, 카카오스토리에 게재.

2018. 7. 5. 외환보유액 4,003億佛. 1997. 12월 외환위기 39억弗 2001. 9월 1천억弗 2005. 2월 2천억弗 2011. 4월 3천억弗.

2018. 7월 총 수출액 518.8억 불 지금까지 2번째 최고 액수다.

2018. 7. 8. 詩 「눈을 감으면」, 「화가 나」, 「공허한 마음」, 「매미에게 알려진 아파트」, 「꿈속 같은 마을」, 「희망이 널려 있다」, 「내가 넘던 오솔길」, 「가슴에 혹이 달린 인생」, 카카오스토리에 게재.

2018. 8. 31. 시집 『날개 없는 천사』 ISBN 979-11-6275-269-2(03810) 지식과감성# 출판.

2018. 9. 1. 詩 「가슴에 혹이 달린 인생」, 「암탉 같던 초등학교」, 「종이비행기」, 「어머니가 안 계신 고향」, 카카오스토리에 게재.

2018. 10. 1. 詩 「헤매는 내 영혼」, 「가을바람이 불던 날」, 「바늘구멍」, 「홍시」, 카카오스토리에 게재.

2018. 10. 17. 손녀 서연瑞沇 오전 11시 50분 성남시 중원구 차병원에서 수술 출생함.

2018. 11. 1. 詩 「사람이 제일 둔해」, 「인생무대」, 「참 살기 좋은 세상」, 「눈 내리는 아침」 카카오스토리에 게재.

2018. 12. 8. 2019년도: 새해 예산 469兆 5천752億 원 통과.

2018. 12. 28. 「몸보다 마음이 빨리 크는 아이들」: 『인천일보』 오피니언 게재.

2018. 12. 28. 수출총액 6천억 달러: 12월 28일 11시 12분 기준.

2018. 12. 31. 詩 「고민 없인 살 수 없는 세상」, 「영혼이 배고픈 시대」, 「상류와 하류」, 「때 이른 봄소식」, 「섣달그믐」 카카오스토리에 게재. * 12월 31일까지 6천55억 달러 수출. 세계 7번째 달성 國이 됨. * 2011년 5천억 달러. * 1948년 1천9백만 달러 수출. * 1995년 1천만 달러 수출.

2019. 1. 1. 詩 「내 인생에 꽃수를 놓자」, 「성경이 없어도」, 「내 맘을 어디에 놓을까」, 「마음속의 꽃밭」 카카오스토리에 게재.

2019. 1. 21. 수필집 『금촌 전병무의 잡동사니』 ISBN 979-11-6275-467-2(03810) 지식과감성# 출판.

2019. 2. 1. 詩 「마음을 흔드는 힘」, 「허영」, 「남은 이야기」, 「시를 쓰지 않는 시인」, 「어머니의 마음」, 「노을빛을 사랑하는 새」, 「지옥의 문턱을 서성이는 시인들」, 「불안한 마음」 카카오스토리에 게재.

2019. 2. 15. 왼쪽 上 사랑니가 몹시 아파 1개월 치료하고 보철하니 괜찮아졌다.

2019. 2. 28. 위촉장 제2019-4호 김천영 "어린이안전지킴이" 2019. 3. 4.~12. 31까지. 가좌3동파출소 소속. - 인천서부경찰서장 총경 최연식.

2019. 3. 5. 2018년도 국민 1인당 소득 3만 1천349달러 추정발표. 실제 3만 3434달러.

2019. 3. 7. 캘리포니아 - 천둥번개 5분간 1.487회.

2019. 4. 1. 詩 「까치들의 지혜」, 「해가 손이 있다면」, 「신들이 춤을 추는

계절」, 「꽃병이 꽂은 꽃」, 「벚꽃이 지던 밤」, 「꽃을 보면」, 「고마운 말」, 「어머니의 사랑」, 「신들의 나라」, 「해 질 녘」, 「내 맘이 머무는 곳」, 「사람이 뱀같이 되는 날」 카카오스토리에 게재.

2019. 4. 24. 오디오 MARANTZ 子 재원 구입 설치해 줌.

2019. 6. 16. U-20 월드컵축구대회 男준우승.

2019. 6. 16. 仁川列邦福音教會 入教. 인천 인하로77번길 18. 중국 대학생 신자들 많음.

2019. 7. 12. 시집 『호박꽃을 닮은 시』 ISBN 979-11-6275-723-9(03810) 지식과감성# 출판.

2019. 6. 22. 詩 「하루하루」, 「꽃을 본 듯」, 「덫에 걸린 삶」, 「미소 띤 풀꽃」, 「두 얼굴과 두 입」, 「세월이 멈춘 때도 있었다」, 「용감한 조상들」 카카오스토리에 게재.

2019. 8. 3. 세탁건조기 SAMSUNG 子 재원 구입 설치해 줌.

2019. 8. 6. 1945년 8월 6일 오전 8시 15분 일본 군사도시 히로시마에 원자탄 투하된 날. * 일본: 한국을 수출 백색국가에서 제외.

2019. 9. 7. 詩 「꽃을 본 듯」, 「덫에 걸린 삶」, 「미소 띤 풀꽃」, 「두 얼굴과 두입」, 「달도 슬픈 달이 있어」, 「울고 있는 꽃」, 「등산가는 길」, 「대이작도」 카카오스토리에 게재.

2019. 9. 10. 수능 응시생: 548,734명 전년보다 4만여 명 적음. 저출산에 따른 학령인구 감소.

2019. 9. 16. 2020년도 국민 1인당 세금부담액 750만 원 예정 발표.

2019. 9. 19. * 19공탄 1장 639원 告示.

2019. 9. 21. 한 사람이 최고 아파트 519채 보유: 국세청 조사. 주택 보

급율 113%.

2019. 10. 13. 손녀 서연 돌잔치. 돌은 10월 17일이지만 일요일로 앞당겨 행사함. 편교에 위치한 "coureyard by marriott 서울판교" 호텔에서 외갓집과 함께 행사함. * 돌상에서 마패, 돈, 마이크 순으로 집어 웃음보를 터트렸다.

2019. 11. 20. 仲兄과 같이 은하면 대율리 절골에 假墓 조성함.

2019. 12. 10. 2020년 새해 예산 512조 원 국회 통과됨.

2019. 12. 27. 詩「여치는 내 이름을 알 거야」,「반월성」,「새 노래」,「고추잠자리」,「샛강」,「철새가 떠나던 날」,「심심한 날」,「뭘 보며 사시나요」,「담쟁이의 편지」,「아이들 생각」,「홀로서기」,「낙엽이 쌓인 길」,「가을에 생각나는 것」,「칼바람」,「오늘 하루」,「호랑이와 여우」카카오스토리에 게재.

2019. 12. 31. 수출총액 5,424억 1천3백만 달러. 작년보다 -10. 3%

2020. 1. 1. 중국성경 창세기 1:1부터 봉독 시작. * 금년 시간당 최저임금 8,690원.

2020. 1. 6. 외환보유액 4,088億 달러 발표.

2020. 1. 7. 內子 자격증 수령: 제2020-004658-429358호 학교폭력예방상담사 1급 김천영 등록번호 KRIVET-2015-004658 * 제2020-006140-429357호 학교보안 안전 지도사 1급 김천영 등록번호 KRIVET-2015-006140 * 제2020-004832-429359호 아동심리상담사 1급 김천영 등록번호 KRIVET-2015-004832- 한국자격검정평가진흥원.

2020. 1. 9. 우리나라 총인구 5,184만 9,861명(南韓). * 서울 경기 인천 수도권인구 50% 돌파.

2020. 1. 11. 『동아일보』 횡설수설 보도: 서울강서구 염강초등학교 38명 졸업, 신입생 없어 폐교. 2018. 서울 은평구 은혜사립초교 폐교. * 초중등교 폐교 수 총 3,000개. * 진주 지수초교 2009년 폐교. (삼성그룹 이병철, LG그룹 구인회, 효성그룹 조홍제 회장 등 졸업)

2020. 1. 16. 『동아일보』 보도: 성인연령 한국 19세 일본 20 중국 미국 영국 프랑스 독일 이탈리아 캐나다 러시아 同18세. * 선거연령: 한국 일본 중국 미국 영국 프랑스 독일 이탈리아 캐나다 러시아 同18세 * 음주연령: 한국 19세 일본 20 중국 18 미국 21 영국 프랑스 同18 독일 이탈리아 同16 캐나다 19 러시아 18세. * 흡연연령: 한국 19세 일본 20 중국 미국 영국 프랑스 독일 同18 이탈리아 16 캐나다 19 러시아 18세.

2020. 1. 20 한국 코로나 1명 발생(중국인으로 武漢에서 입국 일본으로 환승하려다 고열로 인천공항에서 내려 검사. 양성판정, 완치 후 귀국: 평생 은혜 잊지 못함. 말 남기고 떠나다.)

2020. 1. 21. 內子 자격증 수령: 제2020-002013-431768호 아동학대 예방상담사 1급 김천영 등록번호 KRIVET-2016-002013 한국자격검정평가진흥원. * 제2020-005527-431767호 안전교육 지도사 1급 김천영 등록번호 KRIVET-2015-005527 한국자격검정평가진흥원.

2020. 2. 3. '신종코로나19' 중국 武漢에서 발견. * 현지 이문량李文亮(34세)의사가 신종 전염병을 주장하자 체포. 조사하다 대처가 늦어져 그는 2월 7일 감염 악화로 사망.

2020. 3. 5. 한국 1월 20일 발생 후 급속감염 6,088명, 사망 42명.

2020. 2. 5. 부처의 제자 니히티는 똥 푸는 사람. 남루한 옷차림에 통통을 메고 부처를 보자 피하다 통통을 엎어 냄새가 심했다. 부처가 이를 보고 아난다와 함께 강가로 데리고 가 깨끗이 씻겨 주고 제자로 받아들였다. 많은 사람들이 비난하자 곁에서 냄새가 난다고 속마음까지 더러운 건 아

니라고 하여 입을 막았다.

2020. 2. 5. 메모리반도체 D램 플래시볼트 출시 FULL HD급, 영화 5GB 82편을 단 1초에 전송하는 능력이 있는 역대 최고 성능의 반도체. 2017년 12월 세계 최초 개발 아쿠아볼트(2세대8GB HBM2 D램) 속도 용량 각각 1.3배, 2배 향상.

2020. 2. 7. 2019년도 경상수지 흑자 599억 달러. 몇 년 사이 최소.

2020. 2. 10. 한국영화 「기생충」 봉준호 감독, 미국 로스안젤레스 할리우드 돌비극장에서 열린 92회 아카데미 시상식에서 작품상, 감독상, 국제영화상, 각본상 등 4개 부분 획득.

2020. 2. 28. 시집 『꽃 단지』 ISBN 979-11-6275-999-8(03810)지식과감성# 출판.

2020. 3. 9. 교통사고 사망자 2015: 4,621. 2016: 4,292. 2017: 4,185. 2018: 3,781. 2019: 3,349.

2020. 4. 30. 중국성경 민수기 23:1까지 봉독. 신약 마가복음 7:37까지 봉독함.

2020. 6. 15. 제1차 연평해전. 1999. 6. 15. 연평도 근해에서 북한함정 NLL 2km침범 14분간 교전. 북한 어뢰정 2척 침몰 3척 화염에 싸여 도주. 북한군 100여 명 사상 추정. 남한 병사 6명 부상.

2020. 6. 16. 詩「해맞이」,「웃으며 살자」,「공짜로 얻은 하루」,「지축을 울리는 소리」,「비행기」,「선율을 타고」,「꽃가지」,「기술이 좋아」,「그리운 이. 여행」,「아 봄이로구나!」,「내가 아닌 나」,「현란한 봄」,「봄이 오면」,「목련꽃」,「새는 왜 봄이 돼야 울까」,「우왕좌왕하는 봄」,「새들이 노래하는 봄」,「계산서」,「신의 작품」,「봄나물」,「무심한 봄비」,「농촌」,「너는 너 나는 나」,「멧새와 다람쥐」,「꽃 같은 마음」,「새벽안개」,「함정」,「우울한

아침」, 「당신에게 제일 좋은 것」, 「새소리도 변할 거야」, 「꽃은 질 때 울지 않는다」, 「땀과 눈물」, 「일등요리사」, 「초가집에 살던 사람들」, 「단골손님」 등 카카오스토리에 게재.

2020. 6. 16. 개성공단內 남북연락사무소 14:50 북한이 폭파. * 개성공단지원센터까지 허물어짐. * 개성공단 송전 차단함.

2020. 6. 25. 1950. 6. 25. * 당시 국군 사망 137,899명 * UN군 사망 40,620명 * 북한군 사망 52만여 명. * 중공군 사망 135,600여 명. - 공식발표가 없지만 중국의 한 교수 연구논문 중.

2020. 6. 30. 중국성경 봉독 구약 사사기 18:31까지, 신약 누가복음 6:49까지 봉독함.

2020. 9. 1. 방탄소년단(BTS) 빌보드 1위.

2020. 9. 4. 조카 대전지방경찰청소속 경정 田인배 친구들과 제주도에서 휴가 중 교통사고 사망.

2020. 9. 22. 질녀 田소정 교육행정직 5급 승진시험 합격.

2020. 10. 15. 프랑스 코로나 감염자 하루 2만 명이 넘자 마크롱 대통령이 직접 21:00~06:00 야간통행금지 발표.

2020. 10. 23. 시집 『내 맘이 머무는 곳』 ISBN 979-11-6552-477-7(03810)지식과감성# 출판.

2020. 10. 24. 詩 「서글픈 인생」, 「강 언덕」, 「오! 대한민국」, 「가장 지혜로운 여자」, 「내 맘속의 깊은 곳」, 「당신의 가슴」, 「마음을 모아」, 「낙숫물 소리」, 「시든 풀꽃」, 「골목길」, 「어머니의 자장가」, 「귀찮은 그림자」, 「안개의 속뜻」, 「최후의 날」, 「가을하늘이여」, 「불꽃같은 투혼」, 「가을의 여왕 국화」, 등 카카오스토리에 게재.

2020. 12. 29. 전주 "얼굴 없는 천사" 올해 성금 7천12만 8천980원 기부. 21년째 총액 7억 3천8백만여 원: 전주시 완산구 노성동 주민 센터 근방에 놓고 사라짐. 작년 12월 30일 도둑이 노리고 있다 훔쳐 갔지만 수상이 여긴 사람이 차량번호를 적어 놓아 범인을 체포함.

2020. 12. 31. 詩:「참새들은 참 즐거운가 봐」,「기러기 떼」,「마음속에 핀 꽃」,「노란 은행잎」,「흙 내음」,「나그네」,「가을의 소리」,「이 땅은 추운 곳」,「살맛 나게 하는 것들」,「들국화가 남기고 간 말」,「섣달」 등 2020년 카카오스토리에 게재.

2021. 12. 31. 중국성경 봉독: 진행계획표에 의거 구약 욥기 26장까지. 신약 사도행전 11장 봉독.

* 2019년 우리나라 총인구 51,849,861명-2020. 12. 31. 인구 51,829,023명. 20,838명 감소.

2021. 1. 3. 인천서구 가좌 2동 성린교회 김영일 목사에게 기증받은 도서:『貫珠聖經全書簡易國譯國漢文』1권.『작은 불꽃』작가 조이스 럽 수녀 1권.『풀 베개』작가 나쓰메 소세키 1권.『도시를 걷는 낙타』- 중국 고전 허성도 편저 1-2권. 김영일 목사에게 답례 기증도서:『낙원으로 가는 길』시집 1권.『죽은 자와 산 자』신앙수필집 1권.『전병무의 잡동사니』수필집 1권.『내 맘이 머무는 곳』시집 1권.

2021. 1. 20. 미국 46대 대통령 바이든(79세) 취임선서. * 30세 최연소 상원위원 당선. 코로나로 정부인사 1천 명만 참석. 대북정책 트럼프 식 재검토 시사. 국무장관 지명자 대북제재 강화 시사.

2021. 2. 19. 미국 시간 18일 12:55 미국 탐사 로봇 퍼시비어런스 화성 착륙, 204일 동안 4억 6천8백만 km 비행.

2021. 2. 28.『시편사색』中國 오경웅鳴經熊(1899~1986)著 宋大善 번

역: 성린교회 김영일 목사에게 기증받음.

2021. 3. 4. 우쿨렐레 바디에 금이 생겨 子 재원이 콘서트 우쿨렐레 새로 구입해 줌.

2021. 4. 16. 시집 『실개천에서 주운 이야기』 ISBN 979-11-6552-797-6(03810) 지식과감성# 출판.

2021. 4. 28. 코로나19 백신 화이자 인천아시아드주경기장에서 1차 접종: 연령별로 동사무소에 집결. 셔틀버스로 이동함. * 정진석 추기경 善終 향년 90세(1931~2021)

2021. 5. 1. 詩: 「복 받은 자들」, 「울기만 하다 떠나는 사람」, 「잊을 수 없는 사람」, 「손바닥만 한 연못」, 「실개천에서 주운 이야기」, 「참 열심히 사는 사람들」, 「조용히 생각할 시간」, 「봄의 전령」, 「잊을 수 없는 그림」, 「봄소식을 전하는 것들」, 「향기 나는 봄」, 「꿈속을 헤매다」, 「춘분」, 「구름에는 내 꿈이 가득」, 「달무리」, 「비가 내리는 날」, 「미운 맘을 날려 보내기」, 「가수가 사람 죽여」 카카오스토리에 게재.

2021. 5. 3. 前4월 수출 511억 9천만 달러-10년 3개월 만에 최고 실적. 코로나 확산으로 경제가 하향곡선을 그리는데 희소식. * 3월과 4월 연속으로 500億 달러 이상 수출로 경기 회복세. * LNG선박 수주 세계 72% 점령.

2021. 5. 6. 4월 30일까지 외환보유액: 4,523億 달러.

2021. 5. 19. 코로나19 백신 화이자 2차 접종. 인천아시아드주경기장.

2021. 5. 22. 문재인 대통령 방미 바이든 대통령과 회담. 한국 유도탄 거리 무게 조정 해제.

2021. 5. 27. 內子 나은병원에서 아스트라Z 백신 예방접종.

2021. 6. 1. 5월 수출액 507억 3천만 달러. 전년 5월보다 45.6% 증가. 32년 만에 최대 상승. * ROTC 창설 60주년. 22만여 명의 장교 배출. 여군 장교 2,210명 배출. * ROTC의 창시는 미국. 1950. 6. 25. 남침전쟁 때 1만 8천여 명 참전.

2021. 6. 29. 윤석열 전 검찰총장. 대통령 출마 선언. 윤봉길 기념관.

2021. 7. 1. 금년 상반기 수출 3,032억 4천만 달러. 전년 대비 26.1% 상승. 11년 만에 최고. 3~6월 4개월 연속 5백억 달러 돌파.

2021. 7. 3. 유엔무역개발회의(UNCTAD): * 한국 경제개발도상국에서 선진국 합류 195회원국 반대 없음.

2021. 7. 5. 한국 세계 8번째 ICBM 수중발사성공 기술 보유.

2021. 7. 8. 반도체 호황 삼성전자 영업이익 12조 5천억 원. * LG전자 2분기 매출 17조 1천101억 원. 영업이익 1조 1천128억 원. * 5월 경상수지 흑자 107억 달러. * 전기차 G80 1회 충전 428km 주행. * 경복궁 내 현대식 정화시설 갖춘 150년 전 공중화장실 유적 발견.

2021. 7. 13. SK하이닉스, EUV 기술 첫 적용 10나노급 4세대(1a)8Gbit LPDDR4 모바일 D램 양산.

2021. 7. 13. 일상 공간 배달로봇 '딜리타워'아파트 현관까지 음식 배달. SK텔레콤 '서빙고' 호텔 식당 로비를 돌며 고객이 주문한 음식이나 물품 전달함. * 이탈리아 축구: 유럽축구선수권대회(유로2020) 우승. 결승에서 잉글랜드를 꺾고 53년 만에 우승. 귀국해 2층 버스를 타고 로마 거리 행진.

2021. 7. 17. 14일부터 서유럽지방 100년 만의 홍수로 독일 133명 사망. 벨기에 20명 사망.

2021. 7. 18. 알래스카 매입 이야기. * 1867년 미국의 국무장관 윌리엄

수어드(1801~1872)가 러시아 정부로부터 720만 달러에 매입함. 얼음만 덮인 곳이라고 반대가 극심했지만 선견지명이 있어 국익에 크게 이바지함. 석유 등 광물자원 풍부함.

2021. 7. 20. 발레리나 박세은 양 32세. 세계최상급 파리 오페라단(BOT) 입단 10년 만에 6월 10일 최고등급 무용수 "에투알: 별" 칭호 받음.

2021. 7. 22. 중국 허난성 1,000년 만의 폭우. 20일 1시간 201.9mm 최악의 폭우. 河南暴雨 "千年一遇" 不等于1,000年才發生一次. * LG전자 글로벌 생활가전 제품 상반기 매출 1위.

2021. 7. 23. "제32회 2020년 하계 도쿄올림픽" "코로나19" 전 세계 유행으로 1년 연기 후 개최함. 일본은 1일 5천여 명의 확진자가 발생하고 선수촌에서도 여러 명이 발생했음에도 올림픽대회 개최를 강행했고 도쿄 올림픽 경기장은 6만 5천 명이 입장할 수 있는데 귀빈 등 950여 명만 입장. 운동장 문 근처에서 많은 시민이 올림픽 개최 반대 시위를 했다.

2021. 7. 24. 브라질 일일 코로나 확진자 10만 8,732명 발생. 사망 1,324명.

2021. 7. 30. 일본 하루 코로나19 감염자 1만 699명. 도쿄 3,865명. 전문가 올림픽 중지 또는 봉쇄 필요 역설. * LG전자 올해 2분기(4~6월) 매출 17조 1,139억 원. 영업이익 1조 1,127억 원. 12년 만에 최고. LG화학 2분기 매출 11조 4,561억 원. 영업이익 2조 2,308억 원. 사상 최대 달성.

2021. 7. 31. 올림픽 특정 종목 금메달 득점율. 도쿄대회는 진행 중 제외. (『동아일보』 제공) * 탁구: 중국 1988년 서울올림픽 때 정식종목으로 채택 이후 금메달 32개 중 28개 획득. * 농구: 미국 23개 리듬체조: 러시아 10개 * 양궁: 한국 1972년 뮌헨 올림픽 때 정식종목이 된 후 금메달 40개 중 23개 획득. * 싱크로나이즈드 스위밍: 러시아 10개 배드민턴: 중국

18개 수영: 미국 246개 다이빙: 미국 48개 육상: 미국 344개

2021. 8. 1. 7월 수출 554억 달러. 작년 동기 대비 29. 6% 상승. 65년 통계 이후 최대.

2021. 8. 2. 해수부: 북한 수역에서 불법 조업 중이던 중국 어선 나포. 중국에 인계. * 올림픽: 남자 도마 신재환 금메달 쾌거. * 삼성 2분기 반도체 매출 197억 달러. 세계 1위. 인텔 196억 달러 2위.

2021. 8. 4. 올림픽 여자배구 3:2로 터키 꺾고 4강 진출. (터키 세계 4위) 김현경 28점 득점.

2021. 8. 5. 국제 배구연맹: 김현경은 10억분의 1로 나올까 말까 한 선수. 터키 감독도 감탄.

2021. 8. 6. 일본 코로나19 확진자 4일 연속 1만여 명. 누적 100만 명 돌파.

2021. 8. 8. 올림픽 폐막. 한국 16위. 금6 은4 동10. * 미국 1일 코로나19 감염자 10만 명 이상.

2021. 8. 9. 한국 코로나19 감염 212,448명. 사망 2,125명.

2021. 8. 19. 일본 방위성 내년 예산 방위비 5조 3천억 엔(60조 원) 신청 GDP 1% 돌파.

2021. 8. 22. 普天教: 1916년 月谷 車京石(1880~1936)이 전북 정읍시 임암면 대흥리에서 창시한 신흥종교. 祖父 字 순좌舜佐 田溶起(1883~1954) 공은 立春運主 겸 忠南眞正院長 임명. * 친절한 교우들과 배일감정을 자주 토로해 같은 교도의 밀고로 당진경찰서에서 체포. 대전교도소 수감 고문을 당함. (보천교에 대한 당시 신문기사를 보고 조부의 행적을 기록함)

2021. 8. 25. 한국조선해양: 8월 24일 1조 6천474억 원. 메탄올연료 추진선박 8척 수주. 세계 최대 선샤인 덴마크 머스크 발주. (1만 6,000TEU: 20피드).『동아일보』게재.

2021. 9. 15. 대한민국 SLBM '현무IV-4' 잠수함 발사성공: 세계 7번째. TV조선 보도.

2021. 9. 27. 코로나 백신접종 2,323만여 명…… 전 국민 45.3% 완료 27일 0시 기준.

2021. 9. 28. 한국자살률 OECD 1위 20대 여성. 10대 남성 크게 늘어. * 전년 자살자 1만 3195명. * 드론택시: 하늘 길 만든다. 정부, 도심항공교통 밑그림 제시.

2021. 10. 19. 중국 미분양 집 3천만 채. 빈집 1억 채: 미국 CNN 보도 - 부동산업이 중국 국내 총생산(GDP)의 30%를 차지하고 있는데 부동산회사들의 채권 상환연기로 파산 직전임. 하늘 높이 솟은 빌딩 숲이 완성되기 전 폭파하는 뉴스가 자주 등장해 계획의 잘못으로 물자가 허공으로 날아가는 광경은 너무나 안타깝다. * 중국의 시골집은 낡고 허름하고 집이 아예 없는 사람들이 아주 많다. * 독감 백신 예약접종 우리 內外: 신현승 내과.

2021. 10. 31. 三國演義. 西遊記. 水허傳. 紅樓夢. (有발음부호) 三國演義 (총2권 발음부호 없음) 唐詩 三百首. 宋詞 三百首. 元曲 三百首. 中國에 주문 구입. (인하대 중국유학생 姜旭甫君 의뢰)

2021. 11. 12. 1950년 6월 25일 북한 남침전쟁 때 미군 전사자 3만 6천591명의 이름이 새겨진 기념비가 미국 캘리포니아주 풀러턴시 힐크레슨 공원에 세워졌다. 72만 달러(8억 5,000만 원) 한국 보훈처 30% 지원하고 미국 한인회가 모금해 세움.

2021. 11. 13. 조카 田영철 대장암으로 사망. 1962년 9월 7일生.

2021. 11. 17. 금촌 화이자 백신 3차 예방접종: 나은병원.

2021. 11. 21. 李白, 杜甫시집 및 초등語文(국어)1~6年, 中1~3年, 역사 中1~3年. 중국에서 주문 구독(姜旭甫 인하대 중국유학생 의뢰).

2021. 12. 2. 11월 수출 604억 4천만 달러. 2020년 동월보다 31.1% 증가. 2013년 10월 5백억 달러 수출 이후 8년 1개월 만에 돌파. 선박 237.6% 석유제품 125.5% 증가 중국 150억 달러. 아세안 100억 달러 돌파.

2021. 12. 10. 시집 『꽃은 질 때 울지 않는다』 ISBN 979-11-392-0222-9(03810) 지식과감성# 출판.

2021. 12. 11. 詩 「발레리나」, 「낙원과 지옥」, 「별이 내려온 밤」, 「꽃이 많은 이유」, 「유월」, 「생각할 시간」, 「동심」, 「유람선을 타고」, 「풀 한 포기」, 「재주 많은 사람들」, 「이슬에 젖은 내 마음」, 「선경 같은 곳」, 「미풍이 지나가는 곳」, 「달팽이와 개미」, 「가을이 오는 소리」, 「친절」, 「가을에 흐르는 노래」, 「무심한 구름」, 「듣고 보기 싫은 것」, 「풀꽃의 노래」, 「여행」, 「무엇이 내 뜻과 통할까」, 「단풍」, 「단풍처럼」, 「밥 먹고 사는 방법」 카카오스토리에 게재.

2021. 12. 13. 아내 코로나 백신 3차 모더나 예방 접종: 신현승 내과.

2021. 12. 16. 00:00 당일 기준, 인천시 코로나 확진자 511명 발생 中 중구 32, 동구 17, 미추홀 81, 연수구 87, 남동구 70, 부평구 89, 계양구 41, 서구 83, 강화 8, 옹진 3 등. * 전국당일발생 7,435명, 사망 73명. 누계 551,551 사망 누계 4,591명 * 북한 김영주 김일성의 弟 101세로 사망 (1920년생 2인자로 활략) * 흑인 경찰국장 처음 임명: 뉴욕경찰 탄생 176년 역사.

2022. 1. 1. 중국성경 요한3서 봉독함. * 「방촌 황희의 학문과 사상」 열독함.

2022. 1. 5. 미국 심장병 말기 환자 "돼지 심장" 이식 3일 동안 거부 반응 없음. (환자 흉악범 처벌받음) * 경기 화성 야산에서 F-5E 추락 36년 운용한 노후기. 조종사 순직. * 코로나 한국 신규 확진자 3,097 * 미국 1,478,444 * 인도 45,845 * 영국 143,867 * 프랑스 87,577 * 러시아 15,699 * 터키 65,236 * 독일 16,618 * 이탈리아 117,405 * 스페인 292,394

2022. 1. 15. 한국 백신 1차 접종누적 4,444만여 명 전국의 86.7%. * 백신 2차 접종완료 4,338만여 명 전 국민의 84.7%. * 백신 3차 접종완료 2,245만여 명 전 국민의 44.9% 15일 0시 기준. * 코로나 사망자 누적 6,281명 치사율 0.91%. * 국내 발생 서울 823 부산 135 대구 118 인천 221 광주 205 대전 49 울산 14 세종 15 경기 1,761 강원 75 충북 77 충남 110 전북 120 전남 151 경북 85 경남 108 제주 10

2022. 1. 17. 아내 '시니어 모니터링' 요원 선발 교육받음 - 노인문화센터 주최 10월까지.

2022. 1. 18. 김치 수출 1억 5천992만 달러. * 일본 8천12만 달러. * 미국 2천825만 달러. * 홍콩 772만 달러. * 대만 691만 달러 등 * 코로나19에 효능, 한류열풍이 큰 작용.

2022. 1. 26. 현대차 2021년 매출액 117조 6,106억 원. 2020년보다 13.1% 증가. 영업이익 6조 6,789억 원. 차량 매출 389만 726대로 전년보다 17% 증가.

2022. 2. 2. KBS 보도: K-9자주포 이집트 수출 성사 2조 원대. 1분에 6발 발포. 사거리 40km. 제조사-한화 디펜스 대 이집트 국방부. K-9자주포 9번째 운용국가.

2022. 2. 3. 한국 월드컵 아시아 최초 10회 연속 본선 진출. 세계 6번째. 첫 관문은 1986년 멕시코 월드컵부터. 브라질 22회 독일 18회 이탈리아 14회 아르헨티나 13회 스페인 12회.

2022. 2. 4. 北京동계 올림픽 개막 2월 20일까지 17일간. 15개 종목 금메달 109개. 91개국 참가 선수 2,900여 명.

2022. 2. 6. 공기청정기 CUCKOO 子 구입 설치해 줌.

2022. 2. 9. 코로나19 확진자 49,567명 하루 사이 13,000명 폭증.

2022. 2. 11. 2021년 경상수지 흑자 883억 달러(105조 6천억 원) 5년 만에 최대. * 2020년 759억 달러. * 2015년 1051억 2천만 달러. * 2016년 979억 2천만 달러. 상품수지 흑자 762억 1천만 달러. * 2021년 수출 6,500억 1천만 달러 수입 5,738억 1천만 달러.

2022. 2. 17. 역대 동계 올림픽 최다 메달 획득자 * 전이경 금4 동1 * 박승희 금2 동3 * 이승훈 금2 동3 * 최민정 금3 은2:『동아일보』 보도.

2022. 2. 18. 코로나19 확진자 109,831명으로 폭발적임. 정부 대책 급선무.

2022. 2. 20. 코로나19 누적 사망자 7,405명. * 치사율 0. 38% * 백신 3차 접종완료 3,045만여 명. 전체 국민의 59. 4%. * 동계올림픽 17일간 열전 폐막. 각국 성적 1위, 노르웨이 금16 은8 동13 2위, 독일 금12 은10 동5 3위, 중국 금9 은4 동2 4위, 미국 금8 은10 동7 5위, 스웨덴 금8 은5 동5 6위, 네덜란드 금8 은5 동4 7위, 오스트리아 금7 은7 동4 8위, 스위스 금7 은2 동5 9위, 러시아 금6 은12 동14 10위, 프랑스 금5 은7 동2 14위, 한국 금2 은5 동2

2022. 2. 26. 초대 문화부장관 이어령 선생 서거(1933~2022) 저술가 대학교수 충남 온양 출생. 遺作 30여 편 출판 예정.

2022. 2. 28. 四寸 曲병철 담석증 12:00 수술 여의도 성모병원.

2022. 3. 1. 제103주년 삼일절 기념행사. 미국인 프랑스인 일본인 중국인 러시아인 등 참가해 당시 관련 있던 국가를 대표해 자기 나라 말로 3.1 독립만세 운동을 설명함. * 제20대 대통령 선거인명부 확정일 2월 25일 기준 유권자 총수: 4천419만 7천692명. * 우리나라 총인구: 5,184만 6,339명(세계 28위 2021년 기준) * 세계 총인구: 78억 7,496만 5,732명(2021년 기준) * 김병기 화백 별세(1916~1922)

2022. 3. 2. 기아자동차 'EV6' 전용 전기자동차 한국 최초 '유럽 올해의 차' 선정. * '2022 아일랜드 올해의 차' * 영국의 '2022 왓카 어워즈 올해의 차' * '2022 독일 올해의 차 프리미엄 부분 1위'

2022. 3. 2. * 코로나19 감염 * 전국 219,241 * 누적 사망 8,266. * 경남 13,196 * 전북 6,961 * 전남 4,992 * 충남 6,915 * 충북 5,569 * 강원 4,966 * 경기 68,622 * 세종 1,412 * 울산 5,121 * 대전 5,292 * 광주 5,256 * 인천 12,104 * 대구 7,117 * 부산 16,104 * 서울 46,932 * 제주 2,207 * 2월 수출 539억 달러. 무역수지 흑자전환. * 제20대 대통령후보 윤석열과 안철수 사이에 국민의힘 장제원 의원과 국민의당 이태규 의원이 밀사로 3일 밤 02:30까지 공동정부를 구성하기로 합의 윤석열로 단일화 결정함. 그대로 두 후보가 합의하고 나란히 아침 기자회견 함. * 2021년도 우리나라 1인당 국민소득 3만 5,168달러.

2022. 3. 4. 코로나19 감염 전국 266,853명 하루 사망자 186명.

2022. 3. 5. 제20대 대통령 사전투표율 전국 34.7% 1,632만여 명.

2022. 3. 7. 피겨스케이팅 금메달리스트 김연아 강원도 산불 피해 복구: 성금 1억 원 전달. 쇼트트랙 최민정 선수 5천만 원. * 배우 이경재: 미국 독립영화상 '스피릿 어워즈' 남우주연상 획득. * 우크라이나: 자국민 해외 거주자 전쟁참가 속속 귀국. 외국인 의용군 2만여 명 지원. * 강원도 산불

피해 17천ha 소실. 건물 600여 채 피해.

2022. 3. 9. 현대차 아이오닉5 전기차 '영국 올해의 차' 선정. 피아트 500-e, 슈코타 파비아, 포르쉐 타이칸, 토요타 야리스 크로스, BMW iX. 기아 씨드, 제네시스 G70 슈팅 브레이크와 경쟁하여 2022 올해의 차로 선정됨. 2021년 11월 독일에서 '2022 독일 올해의 차' 선정됨. * 제20대 대통령 선거일.

2022. 3. 10. 00:30부터 윤석열 후보 득표수 전진 시작. 04:30경 제20대 대통령 윤석열 당선 확정. 최종투표율 77.1% 윤석열 0.73% 24만 7,077표 승리. * 윤석열 당선인 미국 바이든 대통령과 통화. * 일본 기시다 수상 윤석열 당선 축하. 관계 개선 위해 긴밀히 협력.

2022. 3. 11. 돼지 심장 첫 이식받은 환자 2개월 만에 사망. 異種장기 이식 기술에 기여. * 푸틴 러시아 대통령 윤석열 당선자에 축전. 양국관계발전에 활동 기대. * 트뤼도 캐나다 총리 유럽 순방 중 윤석열 당선인 축하 성명. * 코로나 감염자 28만 2천987명. * 시진핑 중국 주석 "윤석열은 중요한 협력동반자" 축전. 인민일보 前面에 축전내용 보도. * 대통령 당선자 부인 김건희 여사 "국민과 한 약속은 더 잘 지킬 것"

2022. 3. 12. 코로나19 신규확진자 38만 3,665명 누적확진 620만 6,277명. * 미국 바이든 대통령 러시아와 항구적 정상무역관계(PNTR)폐지발표.

2022. 3. 13. 산불피해 주민 울진 335명 동해 96명 강릉 5명 삼척 2명 * 주택피해 울진 305채 강릉 10채 삼척 4채 농업시설 232곳 총 908곳. * 이재민 주거지원 대책: 주택 복구 시 최대 8천8백여만 원 복구자금 대출. * 면적 24,923ha 전소, 213시간 연소(울진 18,463ha. 삼척 2,460ha. 동해 2,10ha 강릉 1,900ha * 울진 지역 원전, 삼척 LNG기지, 금강松 군락지 화재방어성공.

2022. 3. 16. 김광현 야구선수 계약 4년 총액 151억 원. 올해 연봉은 81억 원. * 러시아 정부 기업들 외화부채 1천500억 달러…… 연쇄 부도 우려. 16일 만기 1억 7천만 달러. * 21일 만기 6천563만 달러. * 28일 만기 1억 200만 달러. * 31일 만기 4억 4천653만 달러.

2022. 3. 17. 윤석열 대통령 당선자 인도총리와 '통화 쿼드 협력' * 코로나19 감염 62만 1328명 사망자 429명 폭증.

2022. 3. 19. 한국 UAE국방장관 회담…… KAI 방문해 T-50 등 견학. * 강원 산간 향로봉 적설 82cm. * 한국 행복지수 146개국 중 59위…… 1위 핀란드. * 러시아 야밤을 이용 시신 2,500구 국경 넘어 이송. (우크라이나 전선에서 사망)

2022. 3. 20. 윤석열 대통령 당선인 기자회견, 청와대를 국방부청사로 이전계획 발표. 대선 때 세종로 정부 종합청사 이전계획: 실질조사 결과 시민의 불편이 많아 용산으로 이전.

2022. 3. 21. 중국 쿤밍-광저우 동방항공 M5735편 추락…… 132명 탑승. 전원 사망.

2022. 3. 22. 이수지 작가 '안데르센상' 수상…… 한국 최초.

2022. 3. 25. 북한 어제 신형ICBM 화성-17형 발사. 고도6. 200km…… 비행거리 1,080km 합참지적.

2022. 3. 29. 미국 내년 국방예산 8,133억 달러(993조 원)

2022. 4. 5. 3월 말 외환보유액 4,578억 달러.

2022. 4. 8. 미국 흑인 여성대법관 탄생…… 233년 만에 처음. * 코로나19 신규 확진 20만 5천333명 사망 373명. * 윤석열 대통령 당선인 평택 캠프 험프리스 방문 연합사령관 독대…… 한미군사동맹 심장부 * 한덕수 총리 후보자 재산 82억 5천만 원 신고. * 러시아 UN인권위원회 축출 93

국 찬성. 러시아 사퇴함.

2022. 4. 11. 우크라 대통령 젤렌스키, 국회화상연설…… 지원 호소. * 최민정 캐나다 몬트리올에서 열린 국제빙상연맹(ISU) 쇼트트랙 세계선수권 4번째 개인 종합우승 - 대회 4관왕. * 문화재청: 60년 만에 "문화재"란 용어 "국가유산"으로 변경.

2022. 4. 13. 윤석열 대통령 당선자: 인수위원회 탄소중립, 대대적 수정…… 탈원전 폐기 공식화. * 오세훈 서울시장 "서울 주택공급 확대"…… 고도 제한 완화. * 미국 핵추진 항공모함 동해 진입…… 대북경고차원. * 시트콤 "김씨네 편의점" 한인 남녀배우, 캐나다 스크린 어워드 주연상.

2022. 4. 14. 코로나19 감염자 14만 8443명으로 감소. * 남아프리카공화국 콰줄루나탈 60년 만에 최악의 폭우, 최소 306명 사망. * 우크라이나 "러시아 흑해함대순양함 모스크바호" 미사일로 침몰시킴. 길이 186m 11,200t. 사령관 대장 실종. 터키 어선이 54명 구조. * 지난달 반도체 수출 132억 달러 최대.

2022. 4. 16. 일본 기상청 3월 규모 4 이상 지진 195차례 발생함. * 중국 1천3백만 시안, 코로나 확산……. 19일까지 부분 봉쇄. * 상하이 일일 감염 2만 명대…… 봉쇄 20일째 지속. * 우크라이나 키이우 일대 시신 900구 이상 발견…… ICC 국제사법재판소 조사.

2022. 4. 20. 김영길 목사 1950년생 72세 召天. 사촌 田명숙 夫.

2022. 4. 23. 화이자 백신 4차 접종 (內外) 시내 서구 가좌동 신현승 내과.

2022. 4. 25. 현대 자동차 아이오닉5, 기아 EV6, 전기 SUV 독일 3대 자동차 전문지 중 하나인 아우토 모토 운트 슈포르트 평가서 테슬라 꺾고 1, 2위. 그 뒤를 이어 모델Y, 머스텡 마하-E.

2022. 4. 26. 세계 군비 지출 상위 10개국: 1위 미국 8,010억 달러. 2

위 중국 2,930억 달러. 3위 인도 766억 달러. 4위 영국 684억 달러. 5위 러시아 659억 달러. 6위 프랑스 566억 달러. 7위 독일 560억 달러. 8위 사우디아라비아 556억 달러. 9위 일본 541억 달러. 10위 한국 502억 달러. 자료: 스톡홀름 국제평화연구소(SIPRI)『동아일보』보도.

2022. 4. 28. 국산으로 둔갑시킨 수입 돼지고기 5분 만에 확인 검정키트 효과. * 우리은행 600억 원 횡령혐의……경찰 행원체포. * 현역대위가 군사기밀 빼내 북한 공작원에 유출…… 대가로 가성화폐 받아.

2022. 5. 5. 어린이날 100주년 기념행사-청와대. * 세계기록유산 '直指' 미국 국립인문재단 기금사업으로 선정되다. * 우크라군, 미국이 제공한 위치정보로 러시아 장성 10명 이상 사살(NYT) * 미국 코로나 누적 사망자 100만 명 돌파.

2022. 5. 8. 김지하 시인 召天. 서울대 미학과 졸업. 1941년 목포 출생. * 1974년 4월 전국민주청년학생총연맹 사건(민청학년)에 연루 사형선고 받고 무기징역 감형. 2009년 9월 재판부는 무죄선고.

2022. 5. 10. 제20대 대통령 윤석열 국회 앞 광장에서 오전 11시-12시까지 취임식 거행. "다시, 대한민국! 새로운 국민의 나라" * 10일 00시 보신각 타종으로 업무 개시. 국군통수권 이양-윤대통령: 국방부 지하 벙커에서 합동참모본부장의 안보 브리핑 받음. * 윤 대통령 5월 11일 취임 후 싱가포르 리셴룽 총리와 첫 정상회담.

2022. 5. 13. 북한 코로나 누적 환자 35만 명…… 김정은 "방역 허점" 지적. * 중국 베이징 246개 건물 코로나 봉쇄 관리…… 北-中 화물열차 운행도 중단.

2022. 5. 17. 시집 "추억 속의 찔레꽃" 출판사 지식과감성# 계약서 교환 후 송고.

2022. 5. 20. 한덕수 국무총리 국회 임명동의안 표결: 총 250표中 가 208표 부 36표 기권 6표. * 바이든 미국대통령 방한 첫 일정: 삼성평택 반도체공장 방문. * 한국-미국 반도체 협력 확대로 '기술동맹' 강화 * 삼성전자 메모리반도체분야 세계 1위 기업.

2022. 5. 22. 미국 바이든 대통령 현충원 참배…… 나라 위해 모든 것 바친 영웅들. * 바이든 오전 현대차 정의선 회장 면담. * 정의선 현대 "미국에 전기차 등 13조원 규모 투자" * "조지아주에 7조원 규모 전기차 공장 건설"

2022. 5. 23. 원자력 발전: 신한울 1호기, 허가 10개월 만에 가동. * 95세 송해 "최고령 진행자로 기네스 세계기록" 등재. * 8월 3일 미국서 발사하는 우리나라 최초 달 탐사선 이름 "다누리"

2022. 5. 24. 북한 신규발열 13만 명…… 누적 300만 명 육박. * 보리스 본디레프 러시아 외교관 부끄럽다 사임: 20년 경력 동안 러시아가 우크라이나를 침공했던 지난 2월 24일 만큼 부끄웠던 적은 없습니다. 피력함.

2022. 5. 25. 미국 텍사스주에서 총격사건……초등생과 교사 21명 숨져: 범인은 고등학생. 현장에서 사망. * 코로나 한국 누적사망자 2만 4,029명. * 육군대장 7명 전원교체. 합참의장 김승겸 내정…… 육군참모총장 박정환, 해군참모총장 이종호, 공군참모총장 정상화. 육군참모차장 안병석. 지작사령관 전동진. 2작사령관 신희현.

2022. 5. 26. 지난해 결핵 환자 2만 2,904명…… 가족 내 발병률 일반인의 16배.

2022. 5. 29. 한국 정부: 우크라이나에 무기 우회지원-포탄 10만 발 - 캐나다에 제공. * 한국영화 2편 프랑스 75회 칸영화제 경쟁 부분 감독상 박찬욱, 남우주연상 송광호 동시 수상.

2022. 5. 30. 유흥식 대주교: 한국 4번째 추기경 임명-교황청. * 네팔 22명 탑승 비행기 추락. * 북한 발열자 10여만 명 발생. 사망자 발표하지 않음.

2022. 6. 3. 미국에서 132년 전 조선 초대 주미공사 박정양과 관원들 사진 2장 발견. 다른 한 장에는 이완용과 부인 확인.

2022. 6. 5. 미국 전문가 '북한 코로나 위기로 정권붕괴 가능성 대비.' * 북한 누적 발열자 400만 돌파. WHO 변이 문의. * 미국 전직 판사 살해범 잡고 보니…… 상원 원내대표. 주지사도 표적. * 미국 무기형 탈주범 도주 중 5명 살해…… 현장에서 사살.

2022. 6. 6. 2022년 '퀸 엘리자베스 콩쿠르' 우승: 첼로 최하영(24세)-우승상금 2만 5천 유로(한화 3,370만 원) * 퀸 엘리자베스 콩쿠르 소프라노 홍혜란 2011년 1위. 소프라노 황수미 2014년 성악 부분 1위. 임지영 2015년 바이올린 부분 1위. 작곡 부분 2008년 조은화 2009년 전민재 각각 1위.

2022. 6. 7. WTO 북한 코로나 더 악화될 것 410만 명 돌파. * 탈북민 단체 "북한에 대북전단 대신 코로나 의약품 풍선이용 보냈다." * 한미, 지대지 미사일 8발 발사 1발 미국-북한 도발에 맞대응, 에이태큼스, 1발로 축구장 3~4개 초토화. * 한미, 유도탄 장착 F-35등 전투기 20대로 서해에서 공중훈련-북한 미사일기지 타깃. * 지휘자 정명훈, 한국인 최초로 '이탈리아 공로 훈장 2등장' 수훈. * 한국 사격대표팀: 국제사격연맹 월드컵서 金 5개 종합 1위. * 중국, 선저우 14호 발사. 올해 말 우주정거장 완성 계획. * 중국 1,200만 명 대입시험 시작.

2022. 6. 8. 故송해 선생 34년간 전국노래자랑 진행. 윤 대통령 금관문화훈장 추서. 최고령 진행자 세계 기네스북 기재.

2022. 6. 10. SK하이닉스 현존 최고 D램 'HBM3' 양산 시작. 1초에 영화 163편 전송수준. * 일본 반도체 장비 잇단 투자…… 한일 주도권 싸움

5년간 9조원 R&D 투입 후지필름 미국 공장 확장하기로 * 한국 SK실트론도 설비 증설. * 국제빙상연맹(ISU) 회장: 김재열 씨 당선. * 130년 만에 非유럽인 회장. * 2011~2016년 대한빙상경기연맹회장. * 2016년부터 ISU집행위원으로 활약.

2022. 6. 12. 인천 부평구 부흥로 213 주안빌딩 5층 주안장로교 중국어 예배 참석. 담임 목사 安心: 중국인.

2022. 6. 15. 詩:「오늘 아침 넋두리」,「시험 보며 사는 삶」,「하늘의 뜻」,「기지개를 켜는 대지」,「어제 오늘 내일」,「쓸쓸한 마음」,「봄이 오는 곳」,「그늘」,「시인이 표현하지 않았다면」,「숨어 있는 마음」,「살구꽃」,「웃는 얼굴」,「만우절」,「새봄이 왔다고」,「매화와 벚꽃」,「고요한 아침」,「꽃이 나를 부를 때면」,「봄비가 내리던 날」,「전쟁」,「지휘봉」,「먼 나라」,「꿈을 그려라」,「웃어주세요」,「매력이 넘치는 땅」 카카오스토리에 게재.

2022. 6. 16. 방탄소년단(BTS) 2013년 데뷔한 후 그룹(7명) 활동을 잠정 중단 발표. 세계 문화계 경악.

2022. 6. 20. 18세 임윤찬 군 '제16회 반 클라이번 국제 피아노 콩쿠르' 최연소 우승. 신들린 연주라 칭찬받음. * 유학경험 없는 국내파 7세 피아노 시작. 우승상금 10만 달러. * 1950년 6월 25일 북한 남침전쟁 때 캐나다 참전용사 존 로버트 코미어 씨 '한국에 묻히고 싶다' 유해 부산 유엔기념공원 안장.

2022. 6. 21. 한국 우주산업 '누리호(KSLV-Ⅱ)' 2차 16:00 발사. - 고흥군 외나로도 나로우주센터 제2발사대. * 무게 200t. 길이 47.2m 1단 지름 3.5m. 연료 케로신 56.5t(등유) 산화제126t. * 1단 75t 액체엔진 4기 장착. 2단 75t 액체엔진 1기 장착. 3단 7t급 액체 엔진 1기 장착. * 10분 후 고도 650km 통과. * 700km 945초 비행 1.5톤 위성 궤도 진입 목표 달성. * 12년 3개월간 연 인력 250여 명 참여. * 2010년 3월부터 1조 9,572억 원 투

입 개발. * 총 300여 개 민간 업체에서 500여 명 참여. 1992년 국내 첫 위성 '우리별 1호' 발사한 지 30년. 2002년 국내 최초 액체로켓 'KSR-Ⅲ' 발사한 지 20년 후 자체기술. * 위성에서 실제 업무수행큐브위성 처음 사출 시도. * 추진체 탱크 2.5mm~3mm 격자구조 설계. * 알루미늄 합금으로 추진체 탱크 경량화. * 한국, 1톤 이상 실용급 위성발사 가능한 7대국 도약. * 세계 7번째 中大형 액체로켓 엔진 기술 확보. * 누리호의 '심장' 75톤 엔진 국내기술 독자 완성. * 첫 우주발사체 '나로호' 성공 이후 9년 만의 성과. * 발사체 기술 민간이전을 통해 종합기업 육성. * 큐브위성 4기 발사 8일 後부터 2일 간격으로 사출. 조선대 서울대 연세대 KAIST 학생제작. * 성능 임무 수명은 2년. * 남극 세종기지와 최초교신 성공. * 2027년까지 누리호 고도화사업…… 4차 더 발사 예정. * 황선우 선수 수영 세계선수권 자유형 200m 1분 44초 47 '은메달' 수상.

2022. 6. 22. 오늘부터 만 4세 이상 아들과 엄마 목욕탕에 못 간다. 딸과 아버지도 못 간다. * 누리호와 지상 상호교신 성공. * 아프가니스탄 남동부 새벽 지진 5.9 발생. 집 2천 채 파괴. 1천 여 사망. * UN 식량원조. 유럽연합 지원. 탈레반 정권은 3월 여학생 등교금지. 여성억압정색 실시.

2022. 6. 23. 한국경제의 거목 조순 서울대 명예교수 향년 94세 별세. 부총리 서울시장 역임. * 오늘 1달러당 한화 1,301원 돌파.

2022. 6. 30. 터키 국: "튀르키예" 국명 전환: UN승인. * 삼성전자 세계 최초 '3나노' 반도체 양산. * 누리호 위성, 조선대 큐브위성 사출 . 교신성공. * 시집 "추억 속의 찔레꽃" 3차 교정분 접수.

2022. 7. 1. 소프라노 한예원, 독일 '노이에 슈팀멘 국제성악콩쿠르' 3위. * 병사에 휴대전화 허용한 뒤 영내 불법도박 5배 늘어…… 13억 배팅한 현역병도 있다.

2022. 7. 4. 한국 LNG선 수주 상반기만 63척. 작년보다 2.8배, 시장 점유

율 71%. 영국 조선해운시황 분석기관 클라크슨리서치에 의한 분석. 중국은 작년 단 1척 수주했으나 올해는 26척 수주. 우리나라 업계는 독크 부족으로 선주들이 중국으로 이동했고 수주를 다 못해 아쉬움이 크다고 했다. * 이탈리아 최고봉 마르몰라다(3,343m) 빙하 붕괴로 22명 사망 실종. * 여야 하반기 국회의장 민주당 5선 김진표 위원 선출.

2022. 7. 5. 누리호에서 사출된 KIST '랑데브' 서울대 '스누글라이트-2' 양방향 교신 성공. * 프린스턴大 허준이 교수(39세), 한국 최초로 수학계 노벨상인 '필즈상' 수상. 한국에서 초중고 대학 졸업.

2022. 7. 7. 서울 몽촌토성에서 삼국시대 목제 쟁기 첫 출토. * 한국 해군 연합훈련 '림팩' 8개국 상륙작전 지휘. * 지구촌 이상 폭염. 일본 열사병 52명 사망.

2022. 7. 8. 아베 신조安倍晋三(1954년생) 일본 전 수상 참의원 선거유세 중 흉탄에 맞아 사망.

2022. 7. 9. 인천시 '개통 123년' 경인전철 지하화 사업 추진시동.

2022. 7. 13. 한국 남자농구, 아시안컵 첫 경기서 중국에 12점차 완승. * 엠버스트론 美 항공우주국(NASA) 과학자 새로 태어나는 별들이 내뿜는 거품과 구멍, 분출물 볼 수 있다. * 약 7,600광년 떨어진 가장 밝고 큰 성운 중 하나, 대형 별들이 탄생하는 '별들의 요람'

2022. 7. 14. 7대 종단 지도자, 헌재에 '사형제 폐지' 첫 공동 의견서 제출. * 한미, 첫 F35A스텔스 전투기 연합훈련…… 북한 핵실험 준비에 강력 경고. * 300도C 고온에서도 전기 생산 친환경 압전소자 개발. * 15분 만에 90% 충전되는 전기차 배터리 소재 개발. * 자격루 핵심장치 원리 규명해 복원 설계 성공.

2022. 7. 15. 시집 『추억 속의 찔레꽃』 ISBN 979-11-392-0577-

0(03810) 지식과감성# 출판.

2022. 7. 17. 윤석열 대통령 제헌절 맞아 '위대한 국민과 헌법정신 지킬 것' * 올 상반기 보이스피싱 범 1만 명 검거…… 매일 25억 피해. * '하늘 지휘소' 항공통제기 4대 추가도입…… 북한 미사일 감시. * 초등생 5년간 비만율 2배. * 스페인 포르투갈 폭염 45도 웃돌아 사망 1,000여 명. * 미국 인디애나 쇼핑몰에서 총기난사로 범인 등 4명 사망…… 범인은 총기소지 민간인이 사살.

2022. 7. 19. 2012년에 이어 공군 특수비행 팀 블랙이글스가 영국 리아트 에어쇼 최우수상과 인기상 수상. 34개국 38팀 출전. * 35사단 근무 중인 안치훈 대위 헌혈 300번. * KF-X 사업 이후 21년 4개월 만에 개발한 한국 전투기 KF-21 세계 8번째 초음속 전투기: 개발국 * KF-21, 2026년까지 시험비행 2천200여 회 마치고 양산. * 최강 공대공 미사일 '미티어' 장착. - 부분 스텔스에 영국 love call. * 마약 '펜타닐'…… 위험성-헤로인 최대 100배가량. 미국 과다복용 사망자 2015년 33,091명. 2020년 69,710명…… 미국 질병통제 센터(CDC) 조사. * 우상혁 한국 첫 세계 선수권 높이뛰기 2m 35cm 은메달 수상. * 송세라 펜싱 에페 20년 만에 세계여자 선수권 우승.

2022. 7. 20. 일본이 끊은 '북한산 主脈'-일본이 심술로 도로를 만들어 갈라놓은 지 90년 만에 창경궁과 종묘 이었다. * 아시안컵 대회 중국에 3:0 완승.

2022. 7. 21. 문체부 "청와대를 한국판 베르사유 궁전으로…… 거대한 미술관으로 활용" * 중국 장수성에 토네이도 강타…… 26명 부상, 건물 649채 파손. * 그린란드 빙하, 3일 동안 180억 톤 녹아…… 수영장 720만 개 수준.

2022. 7. 22. 삼성, 미국 텍사스에 반도체공장 11개 신설……250조 투

자. * 인도 첫 부족민 출신 대통령 나와…… 여성 후보 무르무 당선. * 펜싱 사브르 대표팀, 세계선수권 단체전 4연패…… 女 에페도 단체전 금메달. * 軍 문재인 정부에서 중단한 한미연합 기동훈련 복원, 킬체인 조기도입…… 윤 대통령 '북한 핵 위협 대응에 만전을 기하라'

2022. 7. 24. 한국 5년간 무기수출, 세계 8위 금년 100억 달러 예상 * 북한 코로나 신규감염 나흘째 100여 명……. 누적 477만여 명.

2022. 7. 27. 필리핀 루손섬에서 규모 7.1 강진…… 4명 사망, 60여 명 부상.

2022. 7. 28. 첨단 이지스함 길이 170m 폭 21m 8,200t '정조대왕함' 진수…… 윤 대통령 "미사일 요격 가능한 국가전략자산" 1천 km 범위 내 100여 개 표적을 동시에 탐지 추적하고 20여 개의 표적을 동시 공격. 현대중공업 제조. 건조비용 1조 2천억 원. * 미국 워싱턴에 한국전 전사자 이름 새긴 '추모의 벽' 준공. 미군 3만 6,634명 한국군 카투사 7,174명 총 4만 3,808명. * 바둑 신진서 9단, 용성전서 강동윤 9단에 불계승…… 대회 4연패. * 앙골라서 '세계 2번째 크기' 170캐럿 핑크 다이아몬드 원석 300년 만에 채굴.

2022. 7. 29. 인도 4월 이후 落雷로 750명 사망. * LG OLED TV 65인치 子 재원 구입 설치해 줌.

2022. 8. 3. SK하이닉스 세계 최초로 238단 낸드플래시 512Gb TLC 4D개발. 초당 2.4Gb 이전 세대 대비 전송속도 50% 빨라져. * K반도체 세계 최고 기술 또 달성. 미국 마이크론 앞질러. * 중국-펠로시 미국 하원의장 대만방문 강력비난…… 내일 '대만포위' 군사훈련 * 윤 대통령 펠로시 의장과 40분 통화…… '의장님의 JSA 방문은 대북억지력 징표' * 주한 미국 7공군사령관 한반도 외 작전투입 가…… 정면으로 중국 겨냥 * 7월 외환보유액 4,386억 달러…… 5개월 만에 증가 전환. * 주사로 죽은 돼지

심장이 다시 뛰었다.

2022. 8. 3. 한국공군 'T50B' 블랙이글스……. 공격기능 추가한 'FA-50' 이집트 피라미드 배경으로 에어쇼.

2022. 8. 5. 한국 '다누리' 달 탐사선 오전 8시 8분 미국 스페이스X에 실려 발사…… 세계 7번째 달 탐사 도전. 교신성공.

2022. 8. 9. 기상청 관측 115년 만에 수도권 대홍수. 서울 동작 469.5mm 서초 434.5mm 산북(경기 여주) 419.5mm 철산(광명) 408.5mm. * 차량 침수 4,791대 고급외제차 946대 손해액 658억 이상. 춘천댐 1초당 1,150톤 방류. 횡성 275mm 홍천 212mm 철원 209.5mm 평창 207mm 원주 194mm. * 서울 사망 5명(수목 제거 중 감전 1명 주택침수 4) * 실종 4명 * 경기 사망 3명(토사매몰 2 붕괴 발견 1) 실종 3명 * 강원 1명(주택매몰 1)

2022. 8. 11. 여자 청소년 핸드볼, 덴마크 꺾고 세계선수권 우승 28:31

2022. 8. 19. 응접실 3인용 소파 구입 교환해 줌. - 子 재원.

2022. 8. 23. 한국 연간 수출 규모 9배 증가…… 對중국 수출은 162배 증가. * 2021년 말 주민등록 인구 5,164만 명. 2년째 감소…… 40%는 1인 세대. * 한국 중국과 수교 30주년(1992. 8. 22.~2022. 8. 22.)

2022. 8. 26. 이집트 원전건설 수주-두산에너빌리티와 이집트 앨다바 원전 터빈 건물공사 계약. * 현대로템, 이집트와 7,557억 원(약 5억 6천320만 달러, 한국 정부 7,300억 원 금융지원). 규모 전동차 공급계약. 카이로 지하철 전동차 320량 공급. * 한국방산, 오늘 폴란드와 무기 수출 본계약: K-2전차. K-9자주포 1차분 계약. K-2전차 180대: 33억 7천만 달러(약 4조 5천억 원), K-9자주포 212문 24억 달러(약 3조 2천억 원) * 폴란드-한국항공우주산업(KAI) FA-50경공격기 48대 계약.

2022. 8. 29. 파키스탄 3개월째 폭우 '대홍수'로 사망 1,061명, 1천5백

여 명 부상, 주택 100만여 채 훼손, 이재민 3,300여만 명. * 경찰 마약사범 20일 만에 932명 검거함. * 한국 U-18아시아농구 22년 만에 우승…… 일본에 10점차 역전승. * 7년간 5천억 대 챙긴 '보이스 피싱 조폭 총책 검거'…… 수익금으로 호화생활. * K2전차 후속 계획-폴란드 현지 제작 K2PL 2026부터 820대 양산. * 폴란드 국방장관-장병들 이르면 올해 10월 K2 전차 관련 훈련을 받으러 한국에 갈 것입니다. * 폴란드 K2 10대, K9 24문 연내 인수.

2022. 8. 31. 작년 아동학대로 40명 사망…… 학대 3만 7,605건. * 미하일 고르바초프 전 소련 대통령 91세(1931~2022) 사망. 냉전종식, 한국과 러시아 협력 선구자.

2022. 9. 1. 한국, 이란 꺾고 8년 만에 U-18 남자핸드볼 우승. * 스페인서 지름 11cm 우박 쏟아져 20개월 아기 사망하고 수십 명 부상.

2022. 9. 5. 태풍 '힌남노' 중심기압 950Pa 최대풍속 43m/s 6일 새벽 5시 통영 상륙 조선소 초긴장. * 한라산 윗새오름 강우량 854mm 침수 피해 속출. 부산 엘시티에 초속 62.4m 빌딩風. * 중국 쓰촨성 규모 6.8 지진 발생. 최소 93명 사망…… 실종 25명 이재민 5만여 명.

2022. 9. 6. 영국 새 총리 리즈트러스…… 40대. * 감사원, 문 대통령 탈원전정책으로 빚더미에 앉은 한전. 한수원 특별감사. * 국가대표 훈련수당 하루 8만 원으로…… 선수촌의 숙박비도 2만 원 인상.

2022. 8. 8. 달러 환율, 1380.8원에 마감 * 베트남서 노래방 화재로 33명 사망. * 한국 남녀 핸드볼, 3년 만에 열린 韓日전서 나란히 승리. * 교회에서 성모상 훔쳐…… 세상에서 가장 뻔뻔한 도둑. * 영국 여왕 엘리자베스 2세(1926~2022) 96세 스코틀랜드서 서거.

2022. 8. 9. 윤 대통령, 무료급식소에서 김치찌개 끓이고 배식…… 추석 민생 행보.

2022. 9. 10. 찰스 3세 국왕 현지시간 10일 공식 선포. * 영국여왕 열흘 간 장례 뒤 19일 윈저성 내 교회 地下에 영면. 영국 왕실 총자산 39조 원. * 윤 대통령, 수방사 방공부대서 추석오찬. * 인도네시아 파푸아서 규모 6.2 강진. * 송언석 "정부가 북한에 빌려주고 못 받은 돈 원금이자 합쳐 6천억 원" * 서울 산후조리원 최고 3,800만 원.

2022. 9. 11. 2021년 징계 받은 공무원 1,763명…… 교육부, 경찰청 최다. * K방산 세계 무기시장서 고속질주…… 올해 역대 최대. * 인도네시아 파푸아 뉴기니 동부서 7.6 강진.

2022. 9. 13. 우리나라 빚 1,000조 시대…… 재정준칙 법제화. * 미국 74회 emmys '오징어 게임' 감독상, 남우주연상, 특수시각효과상, 프로덕션디자인상 기술, 미술상 등 6관왕 수상. '오징어 게임' 한국배우 이정재 첫 남우주연상. * 고진영 33주 연속 여자 골프 세계랭킹 1위.

2022. 9. 16. 야구 U-18대표팀, 슈퍼라운드 첫 경기서 일본에 8:0 완승. * 원전 피해, 결국 국민에게…… "월성원전 손실 7,277억 보전해야" * 중국 서열 3위 리진수(국회 의장 격), 윤 대통령 예방. * 항모 함재기, 비싼 F-35B 대신 국산 KF-21 대체 추진.

2022. 9. 19. 엘리자베스 2세 장례식, 찰스 국왕, 윤 대통령 부부에 먼 곳에서 와 준 것에 감사. * 정상 등 2,000명 참석, 추모객 100만 명 운집 * 일본 태풍 난마돌 미야자키현 미시토 지역 985mm, 미야코노조 678.5mm 넘는 폭우에 80여 명 사상. 초속 45m 강풍. * 20:40 울산 동구 동쪽 144km 해역에서 규모 4.6 지진 * 타이완 규모 6.8 지진.

2022. 9. 22. 고종의 서재 경복궁 집옥재 28일부터 개방. * 달러 환율 1,410원 돌파. * 멕시코 서부서 3일 만에 또 규모 6.8 강진.

2022. 9. 26. 한국 아이돌 블랙핑크, 빌보드 메인 앨범 차트 1위. * 방글라데시 선박 침몰 사망자 40명으로 늘어…… 실종자 수십 명. * 오늘 실외

마스크 해제. * 이탈리아 첫 여성총리 탄생. * 오늘 달러 환율 1431.3원. * 미국 핵잠수함 동원……. 북한 잠수함 탐지 추적 훈련. 한국 공군 미 육군도 투입 동해에서 연합훈련. * 대전 현대아울렛 화재 7명 사망.

2022. 9. 27. 우주선 다트 10개월간 1,100만km 날아 소행성 시속 2만 2,000km로 명중, 사상 초유의 '지구방어' 실험성공.

2022. 9. 28. 오유진 바둑 9단 중국 오청원배 세계여자 바둑 우승. * 외환보유액 4,300억 달러……. 세계 9위 수준. * 피치, 한국 국가신용등급 'AA' 유지. * 7월 출생아. 혼인 역대 최저 사망은 최고. * 러시아-조지아 국경 16km 탈출 차량행렬.

2022. 9. 30. 미국 남부 현지 시간 28일 '이언' 허리케인 상륙 1,000년 만의 폭우 60cm 최소 19명 사망. 220여만 명 정전 피해. 400억 달러 (약 57조 원) 피해.

2022. 10. 1. 오늘은 토요일 연휴 3일간이다. 子 재원이가 우리 부부와 강릉에 가 보자고 왔다. 출발해 서울을 지나 동해고속도로 입구까지 왔는데 아내가 차멀미가 일어났다. 그래서 가평의 수목원으로 차를 돌려 전에 가보았던 곳인데 다시 보아도 숲이 아주 좋았다.

2022. 10. 2. 인도네시아 4만 2천여 명 수용 축구경기 중 양 팀 응원단이 운동장으로 3천여 명이 뛰어내려 패싸움을 벌이자 경찰이 최루탄을 쏴 진압 중 125명 압사 사고. 그중 어린이 30여 명 사망. * 미국 캘리포니아 주, 음력 1월 1일 우리나라 '설' 공식 공휴일 지정.

2022. 10. 4. 노후 동서울터미널, 40층 복합시설 재건축 추진. * 노벨물리학상-'양자역학' 아스펙트 교수 등 프랑스 미국 오스트리아 3명 수상.

2022. 10. 5. 김동길(1928~2022) 연세대 명예교수 94로 별세. 14대 국회의원 * 북한 장거리 탄도미사일 발사에 미국 항공모함 레이건호 동해

로 유턴.

2022. 10. 6. 북한 시위성 폭격기 4대 전투기 8대 황해도 일대 훈련비행. * 우리공군 F-15k 전투기 30여 대 출격. * 태국 전직경찰, 보육원서 총기 난사…… 어린이 20여 명 등 30여 명 사망. * 정부 18부. 19청. 6원으로 개편.

2022. 10. 7. 멕시코 시청서 대낮 총기 난사로 시장 등 20여 명 사망.

2022. 10. 10. 최영선, 리나 살라 갈로 피아노 콩쿠르에서 한국인 최초 우승. * 오늘 설악산 첫눈.

2022. 10. 13. 정부, 전술핵 대신 '전략자산 상시 배치' 검토 모든 확장억제 방안 논의. * 남해안 일출명소 '향일암' 국가 지정 문화재 선정. * 140년 전 주미공사 활동 조명 특별전…… 국립고궁박물관.

2022. 10. 14. 노벨상: 노벨은 1833년 스웨덴 스톡홀름 출생. 8세에 러시아로 이주. 상트페테르부르크에서 초등학교 졸업. 1850년부터 4년간 미국유학 기계공학, 화학 공부. 스웨덴에서 폭약을 제조하던 아버지를 도와 니트로글리세린을 규조토, 목탄, 면화약에 흡수시키면 폭발이 안 된다는 것을 연구하여 다이너마이트 제조. 노벨이 1895년 전 재산을 스웨덴 과학아카데미에 기증. 1896년 63세로 사망. 1900년 노벨재단 설립. 1901년부터 물리학 화학 생리학. 의학 문학 평화 등 5개 분야 시상함. 1968년 경제학상 추가. 노벨은 결혼 안 했음.

2022. 10. 15. 폴란드 이번 주 한국 '천무 다연장로켓' 300문 수입계약. * 이란 반정부 시위자 구금 교도소서 화재…… 4명 사망 61명 부상.

2022. 10. 17. 한국과 미국, 북한 핵과 미사일에 대비 '호국훈련' 돌입. * 현대차 그룹, 올해 인도 판매 1~9월 60만 9,701대로 작년 대비 12.5% 상승. 현대차 41만 7,677대, 기아 19만 2,024대 판매. * LG전자 '클로이

캐리봇' 자율주행이 물류센터 척척 운반. * 농심라면 너구리 누적 60억 6천만 개 판매. * 멸종 위기 山羊 인공증식 후 8마리 방사.

2022. 10. 19. KTX와 지하철內 폭행, 합의에 관계없이 최대 3년 형 처벌 추진. * 주꾸미 등 수산물 생식한 남성 숨져…… 올해 첫 '비브리오 패혈증' 사망. * 만화가 '도전자' 그린 1세대 만화가 박기정 화백 85세 별세. * 서울 은마 아파트 19년 만에 재건축 허가. 35층 5,778세대 증축.

2022. 10. 20. KAI. 한국형 전투기 KF21 '사천에어쇼' 일반에 최초공개. * 일본 상반기 무역적자 11조 엔 사상 최대……. 엔 달러 환율 150엔. * 영국 리즈 트러스 총리 사임의사 발표. * 정부, 북한 핵 대응 위해 미국과 핵 작전 공유 추진…… 실질적 핵 공유 효과.

2022. 10. 22. 미국, 한국에 유사시 모든 확장억제력 제공. * 시진핑 주석 3연임 확정… 총리 리커창 퇴장.

2022. 10. 25. 내년 예산 639조 원 * 비정규직 816만 명 역대 최대. * 국내 외국인 불법 체류 40만 명 돌파…… 5명 중 1명. * 영국 새 총리 수낵 42세 최연소 인도계. * 대한항공 승객 162명 승무원 11명 태운 여객기 필리핀에서 착륙 실패. 24일 11시 7분 활주로 벗어나 부상자 없음.

2022. 10. 26. 현대, 미국 조지아주에 전기차 공장 투자 100억 달러(14조 원) * 방글라데시에 사이클론 강타…… 24명 사망 가옥 1만여 채 피해. * 미국 캘리포니아 규모 5.1 지진.

2022. 10. 27. 이재용, 삼성전자 회장 취임. * 중국 정부 빚더미 경보…… 재정적자 1,400조 원. (1~9월) * 작곡가 김신 스위스 제네바 국제음악콩쿠르 작곡 부분 우승. * 미국 무인공격기 MG-9 리퍼와 LA급 핵잠수함 일본 배치. * 인도네시아 실종 여성 7m 비단뱀 뱃속에서 발견.

2022. 10. 29. 충북 괴산 4.1 지진. * 핼러윈데이 이태원 22시 15분 인

파 몰려 압사자 신고…… 사망자 153명 여성 97명 남성 56명. (10대 4, 20대 81, 30대 27, 40대 8, 미상 11, 외국인 사망 26, 추가 3명 사망) * 인도 축제 인파 몰려 현수교 무너져 최소 141명 사망.

2022. 10. 31. 라면 수출 5억 6,820만 달러(약 8,100억 원) 돌파. (1~9월) * 중국 1억 3,240만 달러(1,887억 원) * 미국 6,370만 달러(약 908억 원) * 유럽 수출 6,210만 달러(약 885억 원) * 일본 수출 4,580만 달러(약653억) 2.3% 줄었다. * 폴란드 원전 수출 사실상 확정(20조 원) 민간사와 협력의향서 체결. 최대 4기 건설. 미국 웨스팅하우스가 수주한 폴란드 정부 발주 원전 사업 6기와 별개. 한국과 폴란드 양국은 최근 글로벌 공급 망이 원전 협력을 토대로 방산, 배터리, 수소 전기차 다양한 분야로 협력 확장 예정. 9월 국산 전기차 판매 1만 393대.

2022. 11. 1. 종합예술 '한국탈춤'…… 인류무형유산 된다. * 아파트 3.3m^{2}당 1,400만 원 돌파.

2022. 11. 4. 높이 10m 금광리 나무화석 천연기념물로 지정. * B1B 랜서 핵무기 탑재. 최고 속도 마하 1.25 최대무장 60톤, 한국 국방장관에게 공개.

2022. 11. 5. 미국 국무부 북한 핵실험 시 신속하고 강력히 대응. * 봉화 아연광산 붕괴 10월 26일 18시부터 11월 4일 23시 03분까지 221시간 동안 고립되다가 구조함. * 러시아 나이트클럽 화재 15명 사망.

2022. 11. 8. 음력 10월 15일 19:16~20:42 개기월식. 동시에 20:23~21:26까지 달이 천왕성을 가린다.

2022. 11. 9. 교동도 화개 정원 문 열어. * 위트컴(1894~1982) 장군에 국민훈장 1등급 무궁화장 추서. 6.25전쟁 당시 1953년부터 2년간 부산 미국 제2군수기지 사령관 시 상부의 허가 없이 군수창고를 열어 2만 3,000명분 식량과 의복 등 군수물자를 한국에 지원해, 미국 의회 청문회에 소환 됐으

나 "전장은 총칼로만 하는 게 아니라 그 나라 국민을 위하는 것이 진정한 승리"라고 대답해 의원들의 기립박수를 받았다. 1954년 퇴역 후 한국에 남았고 1960년 천안에 보육원을 운영하던 한묘숙 여사(1927~2017)와 결혼 후 전쟁고아 돕기, 미군 유해 발굴에 여생을 바쳤다.

2022. 11. 14. 김민선 한국 빙속 여자 최초 월드컵 1,000m 은메달. * 피아니스트 이혁 프랑스 콩쿠르 공동 1위. * 심석희 쇼트트랙 4대륙 대회 2관왕.

2022. 11. 15. 윤 대통령, 취임 후 첫 G20 정상회의 참석 * 유엔총회, '러시아에 우크라 전쟁 배상책임 물리자' 결의안 채택. * 전 세계 반도체 장비 1위 "네덜란드 ASML 경기 화성에 '뉴 캠퍼스' 착공. 반도체 '슈퍼을'. 노광장비 독점생산." * 초중고생 5명 중 1명 비만. * 韓中정상 3년 만에 대면. * 태권도 박상혁 세계선권 80kg(웰터급) 금메달. * 유엔 세계인구 오늘 80억 명 통과 15년 뒤엔 90억 명 예측. * 한미연합사, 평택캠프 험프리스로 이전 완료. 44년 용산시대 종료.

2022. 11. 16. 일본 나라 빚이 1,255조 엔(1경 2,000조 원)

2022. 11. 17. 윤 대통령 한남동 관저에서 빈살만 회담…… 사우디 왕세자 26개 사업에 290억 달러 (약 38조 8천억 원) 규모 협약 맺어. 윤 대통령-사우디는 우리 경제 에너지 안보의 핵심 동반자 피력. 빈살만-3년 5개월 만에 한국 찾아왔다. 에너지, 방위산업, 인프라, 건설의 3개 분야 한국과 획기적 강화하고 싶다. 사우디의 63개 기업인 대동방한. 석유화학, 청정에너지, 제약, 게임, 제조, 바이오 등.

2022. 11. 18. 코로나 예방주사 화이자 우리 내외 접종. 신현승 내과의원.

2022. 11. 19. 子 재원 인천 서구 모다아울렛에 동행, 내외 옷 OLZEN 겨울외투 구입해 줌. 며느리 - 우리 내외 신발 ROCKPORT 구입 송부해 줌.

2022. 11. 21. 일본 이지스함 2척 탄도미사일 요격시험 성공…… 총 8척

체제. * 인도네시아 자와바랏주 치안주르 5.6 지진 발생. 최소 268명 사망. 700명 부상 이재민 7천여 명. * 두바이에서 월드컵 축구경기 개막. * 중국 허난성 공장 대형화재 38명 사망. 2명 부상. * 한국 10년 만에 가장 따뜻한 11월…… 개나리 진달래 피다. * 미국 30년 냉동보관 배아에서 쌍둥이 탄생 CNN 방송. * 미국 메릴랜드주 11월 22일 '김치의 날' 제정. 캘리포니아, 버지니아, 뉴욕주 '김치의 날' 제정 결의안 통과.

2022. 11. 23. 한국 세계 1위 경쟁력 품목 5개. 미국 18개 중국 15개 일본 7개. * 올해 미국 현재까지 총기 난사 609건 이상, 사망자 3만 9,736명-11월 23일까지. 11세 이하 291명 12~17세 1221명. * 중국 '코로나 19' 신규 확진 3만 1,444명.

2022. 11. 27. 강원 양양 현북면에서 산불계도 헬기 추락 기장 71세 부기장 54세 탑승자 5명 사망 女 2명 포함.

2022. 11. 30. 전 중국 주석(1993~2002) 장쩌민江澤民(1926~2022) 96세로 사망. 1995년 한국에 와 김영삼 대통령과 회담한 첫 중국 주석. * 한국탈춤 유네스코 무형문화재 등재 확정. * 시집 『장미꽃 같던 시절』 29일 출판 송고함.

2022. 12. 3. 2022 월드컵 축구 카타르 16강전 포르투갈에 2:1 승리로 16강 진출. 손흥민 어시스트 황희찬 득점. 태극전사 전원 1억 원 포상. 한국 일본 호주 동양권 3국 16강 진출.

2022. 12. 6. 금년 수출액 역대 최대 6,800억 달러(879조 원) 전망. 작년 7위에서 세계 6위 전망. 수출과 수입을 합쳐 9월 14일 1조 달러 돌파 (256일). 반도체 자동차 11월까지 487억 달러. 석유제품 582억 달러. * 수출 유공자 597명 1,780개 수출기업 포상. *삼성전자 1,200억 달러 '수출의 탑' 수상.

2022. 12. 8. 폴란드: 안제이 두다 대통령, 마리우시 브와슈차크 국방장

관 K2 전차 10대, K9 자주포 24문 직접 도착 식 참석, 1차 실행 계약 4개월 만에 폴란드에 도착 인도함. 폴란드 정부는 2025년까지 K2 전차 980대, K9자주포 648문, FA-50 경공격기 총 48기, K239 다연장로켓 천무 288문을 수입. 계약 규모 총 87억 달러(약 11조 원) * 2021년 직장인 평균 연봉 4,024만 원…… 억대 연봉자 112만 3천 명, 국세청 금월 7일 발표(10~12월) 공개 국세청 통계. 2014년 52만 6천 명. 2010년 36만 2천 명. 3배 이상 성장. * 원전 신한울 1호기 착공 12년 만에, 5년 연장 후 가동. 핵심설비 국산화 '차세대 한국형 원전'. * 독일 '체제 전복 기도' 극우단체 25명 체포. 新 나치주의 추종.

2022. 12. 11. 전기차 유럽자동차공업협회(ACEA)에 따르면 기아 - 10월말 누적 판매량 20만 984대, 현대 - 10월에 누적 판매 23만 7,631대를 각각 판매함. * 피겨스케이팅 신지아 200.32점…… 일본 시마다에 이어 은메달. 김연아 금메달 이후 17년 만에 메달 획득.

2022. 12. 12. 달 탐사선 오리온 25일 만에 귀환. 아폴로 17호 달 착륙 50년 만에…… 달 표면 130km 상공까지 근접. 지구에서 43만 2천km 거리.

2022. 12. 13. 올해 자동차 수출액 역대 최고. 500억 달러 돌파. 월간 자동차 수출 대수 21만 9,489대로 작년보다 25% 상승. 전기차 수출 2만 2,341대 역대 월간 최고.

2022. 12. 17. 스피드 스케이팅 김민선 우승.

2022. 12. 19. 2022 월드컵 아르헨티나 36년 만에 우승 메시 선수 라스트 댄스, 우승상금 549억 원. * 한국 달 탐사선-다누리, 오늘 새벽 달 궤도 진입 성공 100km까지 고도 진입. * NASA 우주탐사시스템 부국장 존 구이디 한국 연구진의 능력을 보여 주는 좋은 지표 찬양.

2022. 12. 23. 현대자동차: 1986년 1월 미국 진출. 울산공장에서 생산

한 '엑셀' 처음 수출. 현대차 미국 판매법인(HMA) 今月 22일 1,500만 번째 스포츠 유딜리티 차량(SUV) 투싼 고객 인수 발표.

2022. 12. 24. 2023년 우리나라 예산 638조 7천억 통과. 미국 2023년 예산 2,180조 원. 주한 미군 2만 8천 명 규정 * 일본 2023년 예산안 결정 1,105조 원. 방위비 사상 최대 66조 원. * 한국 GDP 세계 22위 일본 20위. * 한라산 폭설 98.3cm.